게임 중독의 심리분석

게임 중독과 인터넷 중독의 유혹과 대가

Andrew P. Doan 저 | **양유성** 역

학지사

Hooked on Games:
The Lure and Cost of Video Game and Internet Addiction
by Andrew P. Doan, MD, PhD, and Brooke Strickland

이 책을 읽는 데 시간을 내 주셔서 감사합니다. 만약 내 책이 도움이 되었다면, 나의 메시지로부터 도움을 받을 수 있는 다른 사람들에게도 전해 주십시오. 페이스북, 트위터에 이 책을 공유하고 아마존과 다른 인터넷 서점에 서평을 씀으로써 비디오 게임과 인터넷 중독의 유혹과 위험성의 세계를 교육하려는 나의 활동을 지원해 주십시오.

Andrew P. Doan(MD, PhD)

www.andrew-doan.com

www.hooked-on-games.com

모든 희망이 사라진 것처럼 보였을 때 욥의 인내를 보여 주며 나를 위해 기도했던 사랑스러운 아내 줄리에게 감사합니다. 그들의 우정과 지도에 대해 나의 교회, 회복 프로그램 그리고 목장 공동체 교회의 남성 집단에게 감사합니다. 나의 구주 예수 그리스도에게 특별한 감사를 드립니다. 하나님의 개입과 사랑이 없었다면, 오늘 여기에서 나의 이야기를 나누지 못했을 것입니다.

역자 서문

인간은 생존을 위해 신체적이든 정신적이든 끊임없이 일을 하도록 요구받고 그에 따른 과중한 업무에 시달린다. 그러므로 경쟁 사회일수록 놀이나 휴식에 대한 욕구가 더욱 커지고 있다. 자신의 업무를 신속하고 정확하게 해야 한다는 심적 부담을 느끼고 그런 중압감으로 자신의 유능함을 인정받게 되지만, 그로 인한 삶의 피로감을 풀지 못한 채 계속 남겨 두고, 그것을 건강하고 성숙한 방식으로 적절하게 처리하지 못한다면 역기능적인 삶의 방식으로 발달할 수밖에 없다. 외국에 비해 짧은 기간에 높은 수준의 경제성장을 이룩한 대한민국은 물질적 번영의 기쁨과 자부심은 얻었지만, 숨차고 고되게 달려온 사회 발전의 부산물로 정신적 불행과 고통을 동시에 경험하고 있다. 최근 등산, 캠핑, 자전거 타기 등의 건강한 놀이 문화가 형성되고 있는 것은 반가운 소식이지만, 이런 적극적인 신체적 활동보다는 쉽고 편한 스마트 기기에 접근하고 의존하는 경우가 더 늘고 있다. 학교 현장에서는 수업 중에 스마트폰으로 동영상을 보거나 게임을 하고 메시지를 주고받는 학생들을 수없이 목격할 수 있다. 또한 지하철에서도 남녀노소를 막론하고 스마트폰을 들고 무엇인가를 하고 있다. 물론 음악 감상을 하거나 전자책을 읽거나 외국어 공부를 할 수도 있겠지만, 게임이나 SNS에 빠진 경우가 더욱 많을 것이다.

게임에 빠지게 되는 것은 인간에게 놀이에 대한 욕구가 자신의 심리적 욕구 중에서 더욱 강해졌기 때문이고, 일과 업무로 인한 피로감이나 스트레스가 커져서 이런 긴장을 해소하기 위한 심리적 필요가 커졌기 때문일 것이다. 놀이의 영역은 어렸을 때 더 친숙했기 때문에 놀이에 빠질 때 동심의 세계나 내면아이의 심리 상태로의 심리적 퇴행이 쉽게 일어나고, 무의식의 심층 세계가 급격히 활발해질 수 있다. 그래서 자신의 부정적 감정이 해소될 수도 있겠지만, 마음의 심층부에 있던 엄청난 파괴적 공격성이 자신과 다른 사람들에게 표출될 수도 있다. 게임이나 유희에 대한 인간의 원초적 욕구가 인간의 삶에 활력을 불어넣고 경쟁심을 유발하고 승부에 대한 욕망과 지배력을 자극하여 우리에게 삶에 필요한 투쟁심을 키워 주기도 하지만, 그것이 과도하거나 비현실적으로 변질되어 삶의 과제와 책임을 외면한 채 현실을 이탈하여 어둡고 병든 환상의 세계에 빠져 있다면, 이는 게임의 역기능적 모습으로 보아야 할 것이다.

이 책을 번역하게 된 배경은 먼저 나의 아들이 게임에 심하게 빠져 있을 때, 이 책을 읽어 보면서 크게 도움을 받았기에 게임으로 인해 삶의 큰 고통을 겪는 사람들에게 이 책의 내용을 소개하고 싶었기 때문이다. 아들은 한국에서 고등학교를 마치고 미국 대학에 진학하여 별 어려움 없이 학부를 마쳤으나, 미국 의대 대학원 과정에서 의학 공부를 하던 중 정신적 외로움과 학업 스트레스 때문에 게임에 심하게 빠져 학업을 포기해야 할 지경이 되었다. 본인의 정신적 고통도 컸겠지만 아내와 나의 고통도 이루 말할 수 없었다. 게임 중독을 극복하기 위해 본인과 부모 모두 눈물겨운 노력을 했고, 우여곡절 끝에 의대를 졸업하고 결혼하여 미국에서 정신의학과 레지던트로 근무하고 있다.

돌이켜 보면 나 또한 게임에 빠져 고통스러웠던 시기가 있었다. 나는 청소년기에 바둑을 알게 되어 한국과 일본의 프로 기사들이 쓴 수많은 책으로 바둑의 원리와 기술을 체계적으로 배웠고, 빠른 시간에 상당한 실력을 갖추게 되었다. 그런데 평소에는 온순하지만 바둑을 둘 때는 싸움꾼으로 돌변했다. 과거 1970년대나 1980년대에 지금처럼 인터넷 바둑 게임을 할 수 없을 때는 기원에서 점심도 굶어 가며 하루 종일 수십 판의 바둑을 두기 일쑤였다. 청년기에는 학업과 신앙 활동 그리고 결혼과 유학 생활로 오랜 시간 게임을 등지고 살았지만, 40대로 접어들어 대학에서 어느 정도 안정된 삶의 환경이 정해지면서 인터넷 바둑에 빠져들게 되었고, 믿을 수 없을 정도로 많은 시간을 게임에 쏟아부었다. 몇 년 이상의 꽤 오랜 시간을 그렇게 보냈고, 그러다가 어느 날 거기서 벗어나는 순간이 찾아왔다.

첫 번째 결정적인 사건은 건강의 급격한 악화였다. 신체적 증상이 심상치 않았고 이러다가 심장마비나 뇌경색으로 쓰러져서는 갑자기 죽는 것이 아닐까 하는 심한 두려움이 엄습했다.

두 번째는 과거 게임을 처음 시작할 때는 순위나 등급을 올리는 것이 신나고 즐거웠지만 최고수의 자리까지 가고 나서는 그 자리를 계속 지키는 것이 너무 힘들었다. 정신을 집중해야 했고, 조금이라도 실수를 하면 순식간에 불리한 상황이 되는 것에 스트레스를 받았다. 게임은 즐기기 위해서 하는 것이지 이렇게 고통을 받기 위해 하는 것은 아니라는 생각이 점점 들었다. 삶의 힘겨운 과제에서 생기는 스트레스를 날려 버리기 위해 시작한 게임이 오히려 내게 고통을 더 주는 아이러니를 경험한 것이다.

세 번째는 내가 승부를 겨뤄야 하는 상대편 게이머들은 얼굴을 맞대고 하는 과거 전통적인 대결 방식의 파트너가 아닌 인터넷상의 익명의 파트너였기에 게임의 정당한 규칙을 지키지 않는 경우가 너무나 많았다. 내가 승부를 유리하게 이끌거나 다 이겨 놓고도 상대방이 교묘한 지연 작전을 쓰거나 비열한 반칙을 쓰면 속수무책인 경우가 다반사였고, 때로는 문자로 끊임없이 욕설이나 조롱을 퍼붓기도 했다. 이런 유치하거나 미숙한 반응에 제대로 대응하기도 어려웠고, 이런 환경 속으로 나 자신을 밀어 넣는 것이 나를 천시하는 학대 행위처럼 여겨졌다.

마지막으로 이렇게 온 힘을 다해 게임에 몰두함으로써 얻은 것이 무엇인가를 결과적으로 생각해 보니 어처구니가 없었다. 스스로 손익 계산을 해 본 것이다. 건강을 해치면서까지 많은 시간을 허비하고 얻은 것은 하나도 없었다. 물론 취미생활이라고 치부할 수도 있겠지만, 나에게는 부적절하거나 너무 소모적인 취미라고 판단했다. 이 시간에 내가 책을 집필하거나 논문을 작성한다면 오히려 내 경력에 도움이 되고 조금이라도 경제적 보상을 받겠지만, 이제 바둑은 나에게 긍정적인 보상을 거의 주지 못한다. 이런 마음과 생각의 배경과 진행 과정이 있고 난 후 나는 거의 단번에 인터넷 바둑 게임을 그만두고 말았다. 물론 아예 바둑 자체를 끊어 버리고 두지 않은 지가 10년 이상이나 되었다.

여기서 어떻게 게임에 빠지게 되었는지의 심리적인 원인 및 배경을 밝혀 나가는 것도 중요하지만, 그런 중독에서 어떻게 빠져나올 수 있는지의 극복 방안은 더욱 중요하다. 이 책의 저자인 앤드류 도안(Andrew Doan) 박사는 자신의 경험을 토대로 게임에 빠지게 된 과정과 극복 방식을 감탄스러울 정도로 진지하고 깊이 있게 묘사했고, 본인의 직접적 경험과 의견을 피력하고 있기 때문에 독자에게 매우 설득력 있게 다가온다. 게임 중독에 관한 책이 거의 없는 현재 국내 상황에서 게임 중독의 심리와 피해 사례와 실태를 개괄적으로 잘 정리하였으나, 그는 안과 의사이고 전문상담사나 심리치료사가 아니기 때문에 게임 중독의 치료적 국면은 다소 피상적으로 설명하고 있다. 보다 적극적인 치료 개입은 중독 관련 전문치료사에게 맡겨야 하겠지만, 그는 중독 치료를 위한 치료 프로그램과 치료 공동체의 필요성을 역설하고 있다.

나의 경험을 토대로 다시 정리해 보면, 중독 현상에서 벗어나기 위해서는 먼저 자신의 경험에 대한 문제의식 내지는 병에 대한 인식이 생겨야 하고, 자신의 삶에서의 어떤 위험 신호나 경고를 직시하고 받아들이는 것이 필요하다. 이렇게 자신의 삶을 심각하게 위협하는 어떤 대상이나 세력에 대한 공포감은 자신을 사랑하고 지키려는 생존 본능 또는 건강하고 필요한 자기애(narcissism) 성향을 자극시킬 수 있다. 결국 위험한데도 겁을 내지 않고 무감각한 상태를 계속 유지한다면 상황을 심각하게 악화시킬 수 있다.

그런 적절한 위기의식은 새로운 반전을 가져올 수 있는데, 무엇보다 몸으로 느끼는 생명의 위협은 가장 강렬한 것일 수 있다. 그리고 자신이 오랜 시간 애착을 느꼈던 중독의 대상을 포기하는 것은 그렇게 쉬운 일이 아니다. 시간이 갈수록 내성이 생겨 중독의 대상으로부터 얻는 흥분의 강도가 떨어지거나 둔해지므로 흥분과 쾌감의 수치를 올리거나 유지하기 위해 갈수록 더 많은 시간을 할애하게 된다. 만약 이런 중독 경험에서 벗어나고자 할 때는 금단 현상이 동반되므로 본인뿐 아니라 가족도 심한 고통을 겪게 된다.

중독은 과거에는 알코올 중독과 약물 중독(카페인, 니코틴, 필로폰, 코카인 등)을 주로 일컬었지만 최근에는 도박 중독, 쇼핑 중독, 성형 중독, 성중독, 스마트폰 중독, 게임 중독 등의 다양한 형태로 발생한다. 중독이 이렇게 만연해지는 현상은 중독을 부르는 모든 대상이 처음에는 매우 매력적으로 보이기 때문이다. 자신을 행복하게 해 주거나 만족시켜 주는 달콤한 유혹을 하므로 거부하기가 어려운 것이다. 중독에서 벗어나기 위해서는 달콤하고 부드럽게 보이는 그 이면에 존재하는 독성과 위험성을 볼 수 있어야 한다. 게임의 세계가 현실의 삶을 이해하고 적응할 수 있도록 예행 연습을 시켜 주거나 현실 삶의 한계를 보충시켜 줄 수 있는 이로운 면도 있겠으나, 환상의 세계가 현실 세계를 대신해 줄 수는 없다.

중독은 현실 세계의 고통과 불행 속에서 그것을 치유해 줄 수 있는 것으로 보이거나 삶의 행복과 만족을 줄 수 있을 것으로 기대하는 전능하고 매력적인 대상에게 자신의 삶을 맡기고 바치는 것이다. 즉, 술이든 게임이든 그 중독의 대상이 내게 살아가는 에너지와 삶의 의미를 주고 나의 문제를 해결해 준다고 믿는 것이다. 물론 임시방편의 위안은 되겠으나 장기적으로는 중독의 대상에게 불안과 절망 속에서 노예처럼 속박되어 사는 것이다. 중독을 끊기 위해서는 결국 중독의 대상과의 애착 관계를 분리시켜야 하고, 중독 경험으로 인한 거짓된 환상의 세계를 직면하고, 중독의 대상에게 지배당하고 이용당한 것에 대한 수치심, 분노, 증오심이 생겨야 한다. 그때 비로소 진정한 자유와 행복을 위한 갱생의 길이 열리게 된다. 그리고 중독 경험으로 인해 그렇게 삶이 피폐해질 대로 피폐해져 밑바닥으로 떨어지고 난 후 치유의 길을 모색하기보다는 그런 위험성이 보일 때 시작하지 않는 것이 좋은 것이다. 궁지에 몰리고 나서 묘책을 찾기보다는 그런 상황 자체를 피하는 것이 현명한 삶의 방식이고, 극심한 고통을 당하고 나서 치료를 받는 것보다는 미리 조심하고 예방하는 것이 훨씬 안전하고 쉽기 때문이다.

특히 장차 이 사회를 짊어지고 갈 어린 세대와 젊은 세대가 이런 중독에 깊이 빠지고 병들어 가는 상황이 확산되는 데 대한 안타까운 마음을 금할 길이 없다. 중독 경험이 어린 시절부터 형성될수록 개인적 · 가정적 · 사회적 측면에서 더욱 만성적이고 심각한 문제들을 불러올 수 있다.

학교나 가정에서 이런 중독의 문제에 대해 충분한 교육과 지도가 필요한 시점이다. 이 책에 제시된 내용에 대한 진지한 검토와 건강하고 성숙한 게임 문화 형성을 위한 적극적인 토론과 적용이 뒤따르길 바란다.

2016년 6월

역자 양유성

서 문

게임과 컴퓨터가 가정에 들어온 이후 사람들은 비디오 게임과 인터넷이 '중독적'이라는 것에 대해 이야기해 왔다. 게임을 하고 인터넷을 사용하는 사람으로서 나는 그것들을 중독적이라고 언급할 유혹을 느끼지만, 과학자로서 나는 깊이 회의적이다. 거기다 많은 시간을 쓰는 어떤 것을 설명하기 위해 일상적으로 중독이란 용어를 사용하긴 하지만, 이것은 의학적이든 심리학적이든 비디오 게임을 설명하는 적절한 방식이 아니다.

중독(그리고 실제로 대다수 정신장애)은 얼마나 그것을 사용하는지가 아니라, 사람들이 얼마나 그것으로 자신의 삶에 피해를 주는지에 의해 정의된다. 더구나 임상적으로 중요하게 분류되기 위해서는 삶의 다중적인 영역에서의 역기능이 나타나야 한다. 시간은 제한되어 있기 때문에 우리는 우리가 좋아하는 다른 사람들을 위한 어떤 활동을 항상 희생시킨다. 그래서 당신이 게임을 하는 것을 좋아하고, 게임을 하려고 가족과의 시간을 포기한다면, 그것만으로 중독이라고 부르지는 않는다. 실제로 그것은 정상적일 수 있다. 그러나 당신의 가족과 친구가 고통을 받고 있다면, 그로 인해 학업 부진 상태에 있거나 직장생활이 곤란하다면, 그것은 분명히 삶의 중요한 여러 영역에 피해를 주는 것과 연결되어 있기 때문에 게임을 하는 것이 당신에게 역기능을 불러일으키고 있는 것이다.

이 문제를 정의하기 위한 훨씬 더 보수적인 임상 접근을 사용하기 위해 나는 비디오 게임 중독을 연구하기 시작했다. 나는 진정한 과학적 회의론자였고, 솔직히 나는 중독의 보다 임상적인 정의에 맞는 어떤 사람들을 찾을 수 없을 것이라고 믿는다. 그러나 통계는 거짓말을 하지 않고, 게임을 하는 사람들의 놀라운 수가 그들의 삶의 다중적 영역에서 피해를 인정하는 것으로 드러났다. 미국에서 8세에서 18세의 1,100명 이상을 대상으로 한 조사에서 8.5%가 이런 정의에 따라 병적인 게이머로 분류되었다는 것이 밝혀졌다. 이것이 다소 적은 수로 간주될 수 있지만, 문제의 진정한 성격은 이런 비율을 인구의 측면에서 간주한다면 분명해진다. 미국에는 8세에서 18세 사이에 4천만 명의 인구가 있다. 이들 중 대략 90%가 비디오 게임을 한다. 만약 이들 중 8.5%가 병적이라면, 3백만 명 이상의 아이들이 게임 습관으로 인해 삶의 다중적인 영역에서 심각하게 피해를 입고 있는 것이다! 3백만 명이 넘는 아이들이 아마 어떤 도움을 받아야 할지 모르지만, 기술의 병적 사용에 대한 어떤 의학적 진단이 없기 때문에 대다수는 도움을 받지 않을 것이다. 다시 말하면, 이것은 역기능에 초점을 맞추는 접근과 비슷하다. 의학적 진단의 정의가 중요하긴 한데, 그것이 될 때까지는 보험사들은 치료비를 지불하려고 하지 않을 것이다.

게다가 많은 치료자는 그것이 진짜 문제라고 확신하지 못하고 있다. 이것은 50년 전 우리가 알코올 중독과 겪었던 일과 비슷하다. 의학적 질병 모델이 맞을 수 있을 것 같다고 제안하는 연구들이 시작되고 있었다. 동일시될 수 있는 위험 요소들이 있었고 치료될 수 있었지만, 대다수 사람은 도움이 없이 단순하게 좋아지지는 않았다. 하지만 문화는 그 당시 이것을 받아들일 수 없었다. 대신 문화는 그것을 도덕적 실패로 간주했다—알코올 중독자들은 단지 충분히 강하지 않았다. 알코올 중독이 의료 공동체에서 심각하게 취급되어야 하는 것으로 입증하는 데 30여 년의 연구기간이 걸렸다. 테크놀로지의 병적 사용에 있어서도 우리는 공통점이 있다고 믿는다.

동일시될 수 있는 위험 요소들이 존재하는 것처럼 보인다고 주장하는 연구들이 시작되었다. 예를 들면, 그것은 저절로 쉽게 없어지지는 않고, 치료를 받을 수 있다. 3,000명 이상의 아동들을 대상으로 한 연구에서 연구자들은 만약 아이들이 충동 조절을 잘 하지 못하고, 사회적 관계가 어렵고, 많은 시간을 게임하는 데 쓴다고 알게 됨으로써 아이들이 병적인 게이머가 될 수 있다는 것을 예측할 수 있다는 것을 알았다[Choo H, Gentile DA, Sim T, Li D, Khoo A, Liau AK. Pathological video-gaming among Singaporean youth. *Ann Acad Med Singapore*. 2010 Nov; 39(11): 822-829; Gentile DA, Choo H, Liau A, Sim T, Li D, Fung D, Khoo A. Pathological video game use among youths: a two-year longitudinal study. *Pediatrics*. 2011 Feb; 127(2): 319-329. Epub 2011 Jan 17].

일단 병적 게이머가 된다면, 그들은 더 우울하고, 불안하며, 사회적 공포를 갖고, 학업에 덜 생산적이게 된다. 만약 그들이 중독이 되는 것을 멈춘다면, 그들의 우울, 불안 그리고 사회 공포는 경감되고, 그들의 성적도 향상된다. 게임을 하는 것이 그들의 전반적인 정신 건강의 중요한 한 부분인 것으로 보인다.

하지만 더 넓은 문화는 여전히 이 메시지에 저항적이며, 그들은 게임 중독을 도덕적 실패로 간주한다. 요즘에야 도덕적 실패는 그들의 자녀의 행동을 통제할 수 있을 것으로 기대되는 부모에게 해당되는 것으로 판단된다. 우리가 문제를 합의된 정의에 도달하기에 충분할 정도로 이해한다고 의료 공동체가 느끼기 전에 확실히 더 많은 연구가 필요하다. 그럼에도 불구하고 우리가 이 문제를 진지하게 다루기 시작하기 전에 또 다른 30년의 연구가 걸리지 않기를 바란다.

더글러스 젠타일(Douglas Gentile, PhD)

www.douglasgentile.com

차 례

서 론

게임에 빠지다

숀 울리는 친구가 많고 적극적인 사회생활을 한다. 당신은 숀이 사람들을 웃게 만드려는 것을 자주 본다. 그는 사람들과 교제하는 것을 즐기며 행복하고 잘 적응된 아이로 컸다. 그가 청년기에 이르렀을 때 자동차를 구입했고 자기 아파트로 이사했으며 직장에서 대리로 승진했다.

그러나 그는 급격히 변했다. 숀은 〈에버퀘스트(Everquest)〉라는 역할 비디오 게임의 환상적 세계에 스스로 빠지게 됐다는 것을 알게 됐다. 그의 어머니 리즈에 따르면 게임에 대한 심한 강박과 몰두로 그의 성격이 변하기 시작했다. 그는 몇 시간 동안 계속해서 게임을 하기 시작했고 어떤 날에는 밤에 잠을 자려고 하지 않았다. 밤을 새워 가며 〈에버퀘스트〉의 세계에 빠져 있었다. 이 게임에 완전히 빠져서 숀의 개인적인 삶은 나빠지기 시작했다. 그는 친구들, 직업, 자동차 그리고 아파트를 잃게 되었다. 결국 그를 환상적 세계로 연결해 주던 인터넷 연결이 끊어지게 되었고, 인터넷 접속이 없으면 숀은 절망했다.

어느 날 밤늦게 숀의 어머니는 집의 일층에서 어떤 소음을 들었다. 그녀는 그것이 어떤 침입자라고 생각했지만 계단을 내려가 보고 그녀의 컴퓨터 앞에 숀이 앉아 〈에버퀘스트〉를 하고 있는 것을 보고 충격을 받았다. 그는 밤에 6.4킬로미터를 걸어 게임에 접속하기 위해 어머니의 집에 몰래 들어왔다.

숀의 어머니는 비디오 게임에 대해 이해하지 못했던 심리치료사와 정신과 의사로부터 도움을 구했다. 그들은 숀의 어머니에게 숀이 약물이나 알코올과 같은 더 심각한 어떤 것에 중독되지 않은 것을 기뻐해야 한다고 말했다. 숀은 이것을 계속 게임을 하는 것에 대한 허락으로 여겼다. 그는 전에 그에게 중요했던 모든 것을 무시하고 〈에버퀘스트〉의 세계에 더 깊이 빠졌다. 현실 세계와 가상 세계 사이의 경계가 흐릿해졌다. 게임에 빠지지 않았던 순간이 거의 없었는데, 그는 환상적 게임의 세계로부터의 이미지들이 현실 세계로 번져 나가는 것처럼 환각 상태를 겪었다.

그러나 어느 날 문제를 일으키는 어떤 것이 게임에서 발생했다. 그는 '아이러브유'라고 부르는 캐릭터를 만들었다. 그의 어머니는 그가 다른 게이머와 어떤 관계를 만들었고, 그 여성 게이머에게 구애하기 위해 그런 캐릭터를 사용했다고 믿었다. 그는 이 관계에 깊이 얽히고 빠져 다른 게이머가 말한 어떤 것이 그에게 상처를 주었을 때 같은 서버에서 게임을 하길 중단했다. 그는 자신의 모든 온라인 친구를 떠났고 현실 세계의 가족들과 친구들로부터 단절되었다. 그는 자신을 돌보지 않았고 모든 것에 흥미를 잃었다. 그는 사교적이고 재미있었던 예전의 자신과 더 이상 닮지 않았다. 3주 후 숀은 게임 화면이 정지되어 있었던 컴퓨터 앞에 앉았고 머리에 장전된 총을 겨누었다. 숀은 가족과 친구들로부터 단절되었고 실제 삶에서뿐 아니라 〈에버퀘스트〉의 환상적 세계에서도 그런 상태였다. 그는 완전히 고립되었다. 그는 총 한 발을 발사했다. 숀 울리는 21세의 나이로 죽었다.[1)]

왜 어떤 사람은 비디오 게임으로 자살을 하는가? 전에 모든 것이 순탄했던 한 청년이 궁극적으로 자신의 삶을 끝내기 위해 총의 방아쇠를 당길

1) Kohn, David. "Addicted: Suicide over Everquest?" CBS News. February 11, 2009. http://wwwcbsnews.com/stories/2002/10/17/48hours/main525965.shtml. Accessed September 13, 2011.

정도로 어떻게 게임에 그렇게 전적으로 자신을 내던질 수 있단 말인가?

〈에버퀘스트〉와 같은 많은 비디오 게임은 극도로 중독적이다. 게이머들이 '에버크랙(evercrack)'으로 부를 정도로 〈에버퀘스트〉는 대단한 중독 성향을 가진 것으로 알려져 있다. 비디오 게임에 대한 증가하는 구매 욕구와 커지는 수입은 비디오 제작사로 하여금 재미있고 유혹적이고 중독적인 게임들을 만들어 내도록 한다. 성공적인 게임은 열혈 게이머들을 끌어들이고 확보하므로 수입에 있어 엄청난 돈을 벌어들이게 한다. 성공적인 비디오 게임들은 신나고 유혹적이고 그래서 극도로 중독적일 수 있도록 고안된다.

아이오와 주립대학교에서 더글러스 젠타일(Douglas Gentile) 박사가 수행한 한 연구는 1,178명의 8세에서 18세 사이의 미국 아동과 청소년을 살펴보았다. 이 연구는 조사된 아이들의 88%가 비디오 게임을 했다고 밝히고 있다. 비디오 게임은 거의 모든 미국 가정에서 폭넓게 접근할 수 있고 제공되고 있다. 아이오와 주립대학교의 연구 결과는 비디오 게임을 한 8.5%의 아이들이 중독적인 도박 행위와 비슷하게 게임을 하는 것에 대한 중독의 증상들을 보였다고 발표했다.[2] 최근의 인구조사와 아이오와 주립대학교의 연구에서 발표한 중독률을 근거로 하면, 미국에서 적어도 3백만 명의 아이들이 비디오 게임에 중독되어 있는 것으로 보인다. 이제 비디오 게이머들이 생긴 지 40년이 되었고 1,200만 명이나 되는 미국인들이 비디오 게임에 중독되었을 것이다. 젠타일 박사에 의하면 중독률은 세계적으로도 유사한 것으로 보인다.

2) Gentile, Douglas. "Pathological Video-Game Use Among Youth Age 8 to 18." *Psycho Sci.* 2009 Jun; 20(6):785.

AP 통신사의 게임 조사는 미국 성인의 40%가 온라인 또는 게임기 비디오 게임을 한다고 보도했다.[3] 디지털 마약이라고 부를 정도로 비디오 게임이 보다 복잡해지고 그래픽이 보다 진짜 같아지면서 게임들이 급속히 유혹적으로 변했다. 사실적인 그래픽과 게임 방식은 게임을 하는 사람으로 하여금 디지털의 세계에 빠지도록 한다. 비디오 게임들이 제공하는 디지털의 세계는 즐겁게 하고 도전을 주며 현실 세계보다 더 재미있을 수 있다.

비디오 게임들은 또한 보다 인기가 있고 영화와 많은 다른 형태의 오락보다 비즈니스를 이끌어 낸다. 뉴주(Newzoo)가 발표한 보고서에서 소비자들은 2010년 게임을 하는 데 거의 250억 불을 썼는데, 이것은 휴대폰과 휴대용 게임기, 게임 기기, 인터넷 게임과 컴퓨터 게임을 포함한다.[4] 비디오 게임 산업은 수백억 불의 산업이 되었다.

내 좋은 친구 중의 하나인 찰스 월하임은 배우이며 모델이다. 그는 비디오 게임을 위한 총격 장면을 연출하기 위해 고용되었다. 그가 세트장에 도착했을 때 제작자가 거의 70미터나 되는 녹색 스크린을 빌려 놓은 것을 보고 놀랐다. 전에 찰스는 그렇게 큰 촬영장에 있어 본 적이 없었다. 비디오 게임을 위해 마련해 놓은 거대한 녹색 스크린은 인상적이었다. 거의 백 명의 사람들이 세트장을 설치하였다. 그는 비디오 게임을 위한 예산을 물어보았는데 대형 영화제작사가 쓰는 돈과 맞먹는 액수인 거의 1억 불

3) "Survey: Four in 10 American Adults Play Video Games." foxnews.com. May 9, 2006. http://www.foxnews.com/story/0,2933,194659,000.html. Accessed July 15, 2011.

4) Barley, Mark. "Consumer Spending on Video Games Reaches $25 Billion." Hooked! Gamers. December 22, 2010. Web. July 16, 2011. http://www.hookedgamers.com/blogs/markbarley/2010/12/22/consumer_spending_on_video_games_reacher_25_billion.htm. Accessed July 15, 2011.

이 되는 것을 알고 놀랐다.

분명히 비디오 게임을 하는 모든 사람이 중독이 되는 것은 아니다. 비디오 게임이 죄악은 아니다. 그것은 우리 문화의 일부이고 함께하기 위해 여기 있는 것이다. 그것은 오락적인 즐거움을 주기도 하고 책임감 있고 적절하게 사용된다면 교육적인 자원이 되기도 한다. 알코올중독이 되지 않고 술을 마시는 사람들이 있다. 중독된 도박꾼이 되지 않고 도박을 하는 사람들이 있다. 문제는 과도하게 비디오 게임을 함으로써 생길 수 있는 위험성에 대한 충분한 사회적 교육의 부재다.

부모들은 일반적으로 자녀들에게 술, 담배, 도박에 대한 접근을 허용하지 않는다. 반면 거의 모든 가정에서 비디오 게임은 자녀들을 위한 안전하고 건강한 오락으로 폭넓게 받아들여진다. 과도하게 비디오 게임을 하거나 비디오 게임에 중독되어서 정서적이고 신체적으로 심각한 결과를 초래한 내용을 다룬 의학 문헌이 증가하는 경향이 있다. 과도하게 비디오 게임을 함으로써 건강을 무시하고 건강이 나빠져 심지어 죽음에 이른 사건을 다룬 수많은 뉴스거리가 있다.

게이머들의 부모, 배우자, 가족들은 사랑하는 사람이 디지털 세계에 왜 빠졌는지를 알고 싶어서 나에게 비디오 게임이 왜 중독적인지 묻는다. 나는 이 책에서 왜 그리고 어떻게 사람들이 비디오 게임에 중독되는지 그리고 왜 게임들이 본질적으로 유혹적이고 중독될 가능성을 갖고 있는지 알려 줄 것이다. 중독은 행동적 보상과 인간의 뇌의 신경화학적 변화와 연결되어 있다. 우리는 또한 비디오 게임 중독에 기인한 건강의 위험성을 밝힌다. 이 책은 비디오 게임에 대한 나의 강박과 중독에 대한 통찰, 회복을 위한 단계들 그리고 비디오 게임 중독자들의 가족과 친구들을 위한 조언을 제공한다.

존스홉킨스 의과대학에서 의학과 신경과학의 복수 박사 학위를 가진 의사로서 나는 게임을 하는 것이 어떻게 뇌에 영향을 줄 수 있는지에 관해 의학과 과학 문헌뿐 아니라 신문 기사들도 조사했다. 비디오 게임 중독은 음식, 쇼핑, 섹스 그리고 도박 중독과 같은 다른 행위 중독과 유사하다. 비디오 게임 중독은 심지어 심한 약물과 알코올 중독만큼 강력하거나 파괴적일 수 있다. 가장 중요한 것을 말한다면, 나는 비디오 게임 중독의 부정적인 결과들을 직접 경험했다. 전에 게임 중독자였던 나는 9년간 비디오 게임을 2만 시간 이상을 했다. 나는 게임 중독으로 인해 나에게 중요한 모든 것—나의 가족, 명성 있는 의료 경력, 심지어 나의 생명—을 어떻게 거의 잃을 뻔하였는지를 함께 나눌 것이다.

CHAPTER 01

현실로부터의 도피

1975년 봄이었고 나는 막 네 살이 되었다. 나의 나라는 거의 20년 동안 공산 정권과 싸우는 전쟁 중이었다. 나는 베트남 남부에서 부유한 가정생활을 하고 있었다. 나의 어머니는 사업가였고 아버지는 군대에서 장교로 복무하고 있었다. 나의 부모는 공동체에 잘 소속되어 있었다. 그해 봄 우리가 사이공을 잃을 것이고 미군이 떠날 것이라는 소문이 돌고 있었다. 최악의 상황을 두려워한 나의 부모는 나라를 떠나기 위한 준비로 다이아몬드와 다른 귀중품을 처분했다.

나의 부모는 두려웠을 뿐 아니라 봉제업에 고용된 24명의 종업원들을 포기해야 하는 것이 슬펐다. 또한 조부모님을 남겨 두고 떠나는 것이 슬펐다. 우리가 사이공을 떠난 날, 나의 외할아버지는 외할머니를 찾을 수 없었는데 그는 아내를 포기하는 것을 거절했고 아내를 찾기 위해 뒤에 남았다. 월남군 장교였던 나의 삼촌은 대만 배가 사람들을 필리핀으로 피신시키는 것을 알았다. 우리 가족은 군부대에 있는 창고에서 만나기로 연락을 받았다. 공간은 제한되어 있었다. 나의 부모는 전 가족—삼촌과 숙모 그리고 조카들—을 피신시키기 위해 뇌물을 주었다. 일곱 명의 우리 가족은 다른 수백 명의 사람들과 함께 우리가 안전할 것으로 알았던 어둡고 비좁은 창고 속에 숨어 있었다. 다음 날 아침 모든 사람이 피신했다. 같은 날 사이공은 함락되고 말았다.

필리핀으로 피신한 후 나의 가족은 겨우 12마일 되는 해안선을 가진 북태평양의 작은 산호섬인 웨이크 섬으로 옮겨졌다. 나는 수두에 걸렸고 온 가족이 한 달간 격리되어 질병에서 회복될 수 있었다. 나의 누나는 덥고 습기 찬 여름날 웨이크 섬의 막사에 에어컨이 없었다는 것을 회상했다. 거기서 나오자마자 나의 가족은 천막촌으로 이송되었다.

천막촌은 사이공 함락 후 미국으로 온 5만 명의 베트남 난민들의 거주를 위해 캘리포니아 남부에 있는 펜들턴 군부대에 설치된 임시 시설이었다. 내가 회복된 후 나의 부모는 더 좋은 곳으로 옮기기로 결정했다. 그들은 자녀들이 미국 문화에 통합되면서 미국 생활에 적응하기를 원했다. 그들은 우리가 영어를 배우고 친구를 사귀고 새로운 나라에서 전적으로 다른 생활 방식을 익히기를 강요했다. 수천 명의 다른 베트남 가족들이 있는 캘리포니아 남부에 머무르는 대신, 나의 부모는 다른 베트남 가족들이 거의 없는 지역인 사우스 다코타의 애버딘으로 이사하기로 결정했다. 나의 부모는 베트남 공동체로부터 분리되고 미국 공동체로 들어간다면 자녀들이 영어를 보다 빨리 배우고 더 많은 기회를 얻을 것이라고 믿었다. 이 전략은 적중했다. 영어가 나의 모국어가 아니고 자라는 동안 집에서만 베트남어를 말하곤 했지만 나는 뚜렷한 베트남 억양을 갖고 있지 않다. 우리 가족을 받아 준 지지적인 교회의 도움으로 우리는 집으로 이사할 수 있었고, 나의 아버지는 수위와 악기 수리공으로 일을 구할 수 있었다.

사우스 다코타에서의 첫 겨울은 비참했다. 열대 기후와 습기에 익숙해 있던 네 살 아이에게 미국에서의 첫 겨울은 충격이었다. 나는 중서부의 혹독한 추위에 적응되지 않았다. 나의 부모는 어떻게 난방을 트는지 알지 못해 집을 따뜻하게 하려고 숯을 피웠고 결국 온 가족이 일산화탄소에 중독되어 지역의 병원 응급실에 실려 가기도 했다.

시간이 지나면서 우리는 사우스 다코타의 추위에 적응하는 것이 매우 어렵다는 것을 계속 알게 되었다. 내가 여섯 살 때 나의 부모는 다시 한 번 짐을 싸기로 결정했고 서부 해안 가까이로 이사했다. 나의 부모가 미국에 가져온 귀금속은 상당한 돈이 되었고, 나의 부모는 1970년대 오리건주 포틀랜드에서 베트남 야채 가게와 식당을 열었다.

나는 여전히 나의 부모님의 야채 가게에서 있었던 기억들을 좋아한다. 나는 사탕을 거의 무제한 얻을 수 있었다. 나의 누이 중 하나는 초콜릿 회사에서 주는 예쁜 팔찌를 원했다. 그 팔찌를 받기 위해 우리는 수많은 사탕 봉지 속에 편지를 써야 했다. 나는 초콜릿 바 한 통을 다 먹도록 불려갔다. 지금까지 나는 초콜릿 바 한 개를 먹는 것 조차도 견딜 수가 없다.

나의 가족은 아메리칸 드림을 이루려고 했다. 우리는 집을 샀고 사업을 시작했다. 그러나 나에게 꿈은 악몽으로 변하기 시작했다. 내가 일곱 살이 되었을 때 나의 누이들이 부모를 돕느라 바쁠 때, 짧은 시간 동안 내가 계산대를 종종 맡았다. 계산대에서 나는 종이 총과 총 지갑을 만들었다. 나는 론 레인저가 되고 싶었고 존 웨인을 숭배했다. 어느 날 저녁 나는 중이염에서 회복되어 계산대에 앉아 있었고 서부 활극의 영웅이 되려는 백일몽에 빠져 있었다. 그런데 계산대에 어린 소년이 있는 것을 보고 두 명의 청년이 가게로 들어와 맥주 한 박스를 훔쳐 달아났다. 필사적으로 미국적인 생활 방식을 받아들이고 서부 활극의 영웅이 무엇을 의미하는지 보여 주고 싶었던 한 소년으로서 나는 그들을 뒤쫓았지만 허사였다. 나는 패배감을 갖고 부모의 가게로 돌아왔다. 나는 손님들이 가게에 들어올 때 가족에게 알리지 않았다고 나의 누나에게 뺨을 맞는 벌을 받았다. 중이염으로 인해 통증은 더 심했다. 그 일은 나의 백일몽이 단지 꿈일 뿐이라는 것을 정확하게 인식시켜 주었다. 나는 서부 활극의 영웅이 아니었고 이민 가정 출신의 어린애에 불과했다. 그렇게 뺨을 맞은 것이 오늘 나에게도 여전히 울림을 준다.

나는 아시아인 역할 모델이 아니었다. 나는 베트남 친구들이 없었다. 나의 가족은 전적으로 새로운 세상에서의 삶에 적응하기 위한 압박을 느끼면서 갈등을 겪었다. 어린 소년으로 나는 이런 스트레스에 흡수되었다. 식당과 야채 가게는 결국 망하고 말았다. 나의 부모는 영어를 거의 모르고 미국식 상행위를 이해하지 못했기 때문에 그것은 많이 실패했던 사업 중의 하나였다. 결국 나의 가족은 베트남에서 가져온 재산을 모두 잃고 말았다. 미국에서 사는 것이 고통스러울 정도로 어려웠고 나의 부모는 결코 행복해 보이지 않았다.

네 아이를 가진 가족을 부양하기 위해 나의 부모와 숙모는 오리건 주 비버톤에 있는 발전하고 있는 한 회사에 일자리를 얻게 되었다. 테크트로닉스라 불리는 이 회사는 전자 제품, 프린터와 전자 기기의 회로판을 만들었다. 나의 어머니와 숙모는 영어를 잘 하지 못했기 때문에 최저 임금을 받으면서 조립 라인에서 일했다. 영어를 좀 더 알았던 나의 아버지는 전자 제품의 기술자가 되었다.

거의 모든 백인 노동자 계층 틈에서 자란 나는 전형적인 미국 소년으로 성장하기가 어렵다는 것을 알았다. 한 가지로, 나는 다른 미국 소년들처럼 생기지 않았다. 나는 가늘게 뜬 갈색 눈을 가졌는데 다른 아이들의 눈은 모두 아름답고 푸른 눈을 가진 것처럼 보였다. 깨끗하고 희게 보이는 다른 아이들의 피부와 비교하면 나의 피부는 어둡고 지저분하게 보였다. 나는 '퐁 덕 도안'이란 이상한 베트남 이름을 가졌지만 다른 아이들은 브라이언, 마이크, 래리와 같은 정말 멋지게 들리는 이름들을 가졌다. 나의 가족은 가난했고 부모님이 돈을 아끼기 위해 겨울에 난방을 껐기 때문에 창문 유리에는 성에가 끼어 있었다. 다른 아이들은 멋진 장난감과 따뜻한 집을 갖고 많은 재산이 있는 것처럼 보였다.

이런 이유들로 인해 나는 비디오 게임 중독의 완벽한 후보였다. 내 주변에서 일어나고 있는 것을 차단하고 게임이 제공하는 세계를 받아들이기 위해 내가 비디오 게임에 의지하는 것이 쉬웠다. 비디오 게임은 나에게 우리 가게의 물건을 훔친 도둑들을 쫓았을 때 내가 원했던 영웅이 될 수 있는 방법을 알려 주었다. 나는 디지털 세계에서 통제력을 갖고 있었다. 나는 디지털 세계에서 안전하다고 느꼈다. 나는 디지털 세계에서 강하다고 느꼈다. 아홉 살 때 나는 친구의 집에서 처음으로 게임기로 〈스페이스 인베이더스(Space Invaders)〉란 게임을 했고 그것에 완전히 빠지고 말았다. 내가 원한 것은 게임기를 갖는 것뿐이었다. 크리스마스가 다가오면서 그것이 내가 이야기할 수 있는 전부였다. 우리 가족에게 돈이 극도로 부족하다는 것을 알았지만 나는 부모님에게 필사적으로 게임기를 사 달라고 졸랐다.

헌신적으로 나를 사랑했고 내가 미국 문화의 한 부분이 되도록 도울 수 있는 모든 것을 하길 원했던 나의 부모님은 그해 큰 희생을 치렀다. 적은 수입이었지만 나의 부모와 숙모는 크리스마스를 위한 몇 가지 다른 게임과 함께 나에게 게임기와 〈스페이스 인베이더스〉를 사 줄 수 있는 돈을 모았다. 나는 게임기를 사는 것에 너무 사로잡혀 있어서 그것을 끊임없이 이야기했다. 마침내 나의 아버지는 크리스마스 전날 쇼핑몰로 나를 데리고 갔다. 나는 비디오 게임기를 파는 장난감 가게로 들어갔고 기대감으로 온몸이 들뜨는 것을 느꼈다. 나는 행복하고 흥분되었고 얼른 집에 가서 게임을 하고 싶어 좀이 쑤셨다.

게임기를 설치한 후 나는 〈스페이스 인베이더스〉 게임에 나 자신을 완전히 잃었다고 기억한다. 스트레스, 집에서의 싸움, 내가 아닌 어떤 것에 맞추거나 되려는 갈등, 유명해지려는 압박감, 내 인생에서 스트레스를 주는 모든 것이 그날 밤 내가 그 게임을 할 때 녹아 없어졌다. 나는 평화를 얻었다. 나는 도망칠 길을 찾았다. 매일 나의 정신세계를 침략했던 생각과 압박과 같은 외계인들을 격퇴할 수 있었다. 나는 정복할 수 있었고 다시 한 번 내 인생의 통제력을 느꼈다.

첫날 나는 그 게임기를 갖고 12시간을 계속 놀았다. 나는 〈스페이스 인베이더스〉를 너무 많이 했고 버튼을 누르면서 조이스틱을 이리저리 움직이느라고 잠자리에 들 때는 손목에 통증을 느꼈다.

비디오 게임이 발전하면서 나는 더욱더 디지털 세계에 빠졌다. 현실세계의 밖에서는 나의 삶은 좋은 성적을 얻기 위해 공부를 열심히 해서 변호사나 의사가 되어 나의 부모의 기대에 부응하는 사람이 되고 그렇게 살 수 있도록 초점을 맞추었다. 그러나 학교에서 집으로 돌아오면 슈퍼마리오 형제의 디지털 세계에서 공주를 구하는 영웅이 되었다. 어린 나이에 나는 스키너 박사의 실험실 쥐처럼 기분이 좋아지기 위해 버튼을 누르는 데 길들여져 있었다.

유명한 행동주의 심리학자인 B. F. 스키너는 1930년대 하버드 대학교의 대학원 학생이면서 행동 조절을 연구했다. 그는 동물 실험 연구로 알려졌는데, 대상 동물은 시행착오를 거쳐 레버를 누르면 보상을 받는다는 것을 배웠다. 보상이 주어졌을 때 레버를 누르는 행위는 강화된다. 적절한 보상을 선택하므로 그의 도구적 조건 형성은 인간에게 어떤 것을 가르칠 때 사용될 수 있다고 스키너는 주장했다. 쥐와 비둘기를 놓고 스키너가 시도했던 행동 조절 실험과 유사하게 나는 디지털 보상, 즉 내 마음을 위한 디지털 마약을 얻기 위해 비디오 게임을 하는 버튼을 누르도록 훈련되었다. 디지털 마약은 내가 가난한 이민 가정에 있는 현실로부터 도망치도록 도와주었다. 무의식적으로 나는 어린 소년으로 나중에 성인으로의 나를 사로잡을 비디오 게임에 대한 중독을 강화하고 있었다.

청소년기에 나는 학교에서 모든 백인 아이에게 놀림과 조롱거리의 쉬운 대상이었다. 나는 스포츠를 추구하기 시작했고 특히 야구에 그랬다. 나는 첫 번째 야구 팀의 코치였던 밥을 존경하고 사랑했다. 나는 팀의 일원이 되었고 나의 스피드와 운동 능력에 대해 밥 코치가 해 준 칭찬을 좋아했다. 그는 나를 베트남 이민자로 취급하지 않았고 자기 아들처럼 대했기 때문에 내 인생에 강한 영향을 주었다. 그는 나를 중요한 사람처럼 대했다.

결과적으로 나는 야구를 사랑했다. 집에서 나는 배트를 휘두르고 공을 던지고 잡는 연습을 했다. 주루 플레이를 숙달하기 위해 오랜 시간 노력을 했다. 연습을 너무 많이 해서 청바지에 구멍이 날 정도였고, 나는 곧 팀에서 가장 뛰어난 선수이며 베이스 주자 중 하나가 되었다. 그러나 팀의 다른 아이들은 나를 괴롭히고 놀렸다. 공을 잡으려고 무릎을 구부리고 유격수로 나의 위치를 잡을 때, "오늘 밥이나 먹었니? 멍청아!" 라고 외치는 백인 아이들의 비웃음과 조롱에 나는 익숙해졌다. 나는 나의 야구 실력에 자신감이 있었지만, 이런 악의적인 경멸과 함께 오랜 세월 이어진 끝없는 야유와 조롱은 이미 나의 낮은 자존감에 더해져 나를 더욱 무너져 내리게 했다. 관중석 꼭대기에서 "너는 할 수 있어, 일등 주자!" 라고 강한 아시아 억양으로 소리를 지르면서 냄비를 크게 소리 나게 두드리며 아버지가 나를 응원할 때 나는 굴욕감을 느꼈다.

성인이 되어서 나는 나의 아버지가 나를 극도로 자랑스러워하고 사랑했다는 것을 돌이켜 보고 이해할 수 있다. 하지만 그 당시 관중석에서 외치던 나의 아버지는 내 인생의 지독하게 부끄러운 순간에 있었다. 나는 더욱 불안정해졌고 그런 불안정함 때문에 나의 관계성에 대해 보다 통제를 얻기 위해 불량배가 되는 것을 배웠다. 불량배로서 나는 결과를 지배했던 사람이었다고 생각했다. 다른 사람들이 내 속의 약점을 찾기 전에 나는 다른 사람들의 약점을 찾았다. 나는 공격하기에 빨랐고 그들은 나를 괴롭힐 기회를 갖지 못했다.

학교에서 9학년이었을 때 나는 운동하는 친구들과 복도를 걷고 있었고 다른 학생들을 겁먹게 하려고 허세를 부리고 뽐내며 걸었다. 어느 날 우리는 복도에서 '예수 광신자'였던 한 아이를 마주쳤다. 나는 뚱뚱하고 근시였던 그의 약점을 찾았고 뚱뚱하고 안경을 쓰고 있는 것에 대해 그를 무자비하게 괴롭혔다. 하지만 속으로는 나는 그가 갖고 있는 것처럼 보이는 자신감을 은밀히 갈망했다. 나의 언어적 공격이 그에게 영향을 주는 것 같지 않았기에 나는 이유 없이 그의 가슴을 가격했다. 그는 감자 자루처럼 땅바닥에 넘어졌는데, 격하게 버둥대며 몸을 움직이지 못하게 되었고 입에서는 거품을 냈다. 교실에서의 나의 쇼맨십에 경탄하며 거의 계속 A학점을 주었던 9학년 영어 선생님이 교실에서 나와 이 아이 주변에 맴돌고 있던 나를 보고 달려왔고, 절박하게 그의 어깨를 찌르면서 괜찮은지를 물었다. 그녀는 무슨 일이냐고 물었고 나는 차분한 음성으로 모른다고 거짓말을 했다. 그녀는 내 대답을 믿었고 바닥에 누워 있던 그 아이를 간호했다. 몇 시간처럼 느껴졌던 몇 분이 지나고 그 아이는 회복되었다. 의사로서 지금 나는 그때 내가 그를 죽일 뻔했다고 생각한다. 그는 가슴을 세게 맞아 심장의 경련을 일으켰기 때문에 기절했다. 만약 그 아이가 죽었다면 나는 오늘 의사가 되지 못하고 교도소에 있었을 것이다.

적응하기 위한 나의 해결책은 결국 상황을 더 나쁘게 만들었다. 나는 내가 사람들에게 하고 있는 것에 대해 공포감을 느꼈고 그래서 이미 뿌리

깊은 자기 혐오감에다 죄책감을 추가하였다. 나는 나 자신이 싫었다. 나는 동양인인 것이 싫었다. 내가 가장 싫었던 것은 동양인이어야 한다는 것이었다. 실제로 나는 매우 낮은 자존감을 가진 베트남 이민자였다. 그러나 하나의 대안적 현실이 있었다. 현실 세계에서는 나는 어디도 내가 낄 자리가 없다고 느꼈다. 그러나 또 다른 세계가 있었다. 나는 어떤 세계를 선택해야 하는가? 나의 부모가 항상 경제적으로 부담을 졌고 끊임없이 부양하기 위해 일했던 그리고 사람들이 결코 나를 보지 않거나 나를 그들 집단의 일원으로 받아들이는 곳인가? 아니면 나는 내가 공주를 구할 수 있고 한 인간으로 중요할 수 있는 디지털 세계를 선택해야 하는가? 나는 나의 선택을 했다. 나는 오랜 시간을 비디오 게임에 몰두했다. 한 시간은 두 시간으로 이어졌다. 두 시간은 네 시간으로 길어졌다. 네 시간은 여덟 시간으로 이어졌다. 게임하는 모든 시간은 비디오 게임을 하는 것과 연결된 중독적 행위의 강화에 기여했다. 나는 약물, 알코올, 흡연과 같은 전통적인 중독으로부터는 떨어져 있었다. 대신 나는 디지털 마약을 선택한 것처럼 비디오 게임을 사용했다.

고등학교에서 나는 레슬링, 야구 그리고 미식축구에서 교명 마크를 받을 정도로 운동에 계속 뛰어났다. 게임은 좀 뒤로 미루고 나는 한 여학생과 데이트를 시작했다. 하지만 자유 시간이 있을 때는 많은 시간을 닌텐도와 코모도 게임을 했다. 나는 리드 대학을 다니기로 결정했다. 나는 또한 뇌의 유전자 배열 연구에 초점을 맞춘 신경과학을 공부했던 오리건 지역 영장류 연구소에서 연구를 시작했다. 인생에서 나의 새로운 목적과 열정은 의학이었다. 나는 사람들을 돕는 일을 열심히 했다. 대학을 다니면서 나는 비디오 게임을 하지 않았다. 나는 매일 근력 운동을 했고 의대 입학에 대한 열정에 초점을 맞추고 있었다. 그래서 그런지 이상하게도 나는 비디오 게임을 할 욕구가 그렇게 있지 않았다. 그러나 대학을 마치고 의대 첫해 나의 매형이 IBM 486 컴퓨터와 함께 있는 게임들을 보여 주었다. 〈오리온의 주인(Master of Orion)〉 〈문명(Civilization)〉 〈신비(Myst)〉 〈엑스 콤(X-COM)〉 〈워크래프트(Warcraft)〉가 그것들이다. 불행하게도 이 비디오 게임들은 그때까지 내 인생에서 만났던 가장 중독적인 요소를 갖고 있었다.

비디오 게임은 살그머니 잽싸게 들어와서 당신을 소유한다. 그것은 비교적 새로운 중독이기 때문에 그것의 근본 원인을 이해하는 것이 그 가면을 벗기는 열쇠인데 너무 많은 아동, 청소년, 성인이 게임 강박에 빠져 맹수를 사육하려고 할 때 그런 가면을 쓰려고 한다. 많은 아이에게 비디오 게임을 하는 것은 부모에 의해 뛰어난 아이가 되도록 압박을 받고 친구들에 의해 순응하도록 요구를 받으며 다른 사람들의 기대에 의해 모든 면에 압력을 받는 현실 세계의 삶으로부터 도피하는 길이다. 아이들도 잡다하고 하찮은 일들을 해내야 하고 그들 중 많은 아이는 학업을 성취할 필요와 그에 따른 요구를 깨닫는다. 이런 스트레스는 성장하는 젊은 사람들을 무겁게 짓누르는데 우리가 오늘날 보듯이 그들 중 수많은 사람이 그들의 문제로부터 도망치기 위해 대안적인 디지털 세계에 의존한다.

그러나 이런 형태의 중독으로 갈등하는 것이 단지 어린 세대만은 아니다. 관계의 어려움, 지불해야 할 청구서, 해결해야 할 갈등 그리고 일터에서의 부담스러운 일을 가진 어른들도 비디오 게임 중독의 거대한 유혹을 대하게 된다. 우리 사회는 빠른 수선을 제공하는 능력으로 잘 알려져 있다. 전형적으로 비디오 게임을 하는 사람들은 매우 지적이고 도전적인 것을 즐긴다. 그들은 삶의 문제들을 다루기보다는 비디오 게임에서 빠른 흥분을 얻는 데 유혹을 받는다. 게다가 비디오 게임은 과거 경제적 위기로 경험했던 경기 침체 때 선호하던 형태의 오락이다. 비디오 게임을 하는 것이 비교적 돈이 들지 않기 때문에(외식을 하거나 영화를 보러 가거나 또는 휴가를 가는 것에 비하면) 비디오 게임은 개인이 자신의 고통에서 벗어나 스스로 빠질 수 있는 값싼 오락 자원을 제공하는 것이다.

불행하게도 비디오 게임은 해롭다고 할지라도 어린아이들에게는 완벽한 디지털 진정제다. 유혹적인 비디오 게임 앞에 아이를 놓아두면 그 아이는 몇 시간이고 게임을 한다. 베이비시터로 비디오 게임을 쓰는 어른들은 본의 아니게 미래의 중독으로 이끌 수 있는 행위를 격려하고 있는 것일 수 있다.

나의 경우에는 나의 부모가 마약, 알코올, 흡연 그리고 도박—전통적인 중독 방식—을 멀리하도록 나를 강하게 격려했다. 하지만 그들은 비디오 게임은 저지하지 않고 나에게 접근을 허용했다. 불가피하게 이것은 나의 악, 나의 중독 그리고 일상생활에서 내가 직면한 잔인한 현실로부터의 도피로 변했다. 나는 스키너의 동물 실험에서의 생쥐였다. 내가 눌렀던 레버는 컴퓨터와 화면에 붙어 있었고 나의 보상은 나에게 놀라운 속도로 제공된 디지털 이미지였다. 비디오 게임은 한 인간으로 내가 나의 정서적이고 영적인 필요를 채워 줄 필요가 있을 때 내가 의지했던 해결책이었지만 그런 게임은 또한 내가 사랑했던 모든 것을 거의 파괴했다.

대체로 비디오 게임 산업은 인간의 마음을 위한 거대한 디지털 뷔페 음식과 비슷하다. 모든 장소에 있는 사람들의 필요에 부합하는 게임들이 있다. 농장이나 애완동물들을 관리하는 사람이나 양육하는 사람이 등장하는 게임이든 또는 적들을 정복하고 새로운 우주를 건설하는 장군이나 신이 등장하는 게임이든, 그런 게임들을 충분히 한다면 누구든지 중독이 될 수 있도록 다양한 유혹을 하면서 다양한 기호에 맞춰 제공되는 게임들이 있다. 현대사회는 디지털 세계에 유혹을 받고 있고 믿을 수 없을 정도의 시간을 거기에 접속하고 있다.

비디오 게임 중독은 이유가 무엇이든지 간에 현실로부터의 도피를 포함한다. 그러나 비디오 게임이 왜 그렇게 중독적인지를 이해하는 것은 사람들로 하여금 가상의 자원을 통해 만족을 찾도록 동기를 주는 인간의 기본적 필요를 이해하는 데 도움을 준다. 그런 필요들은 다음과 같은 것들을 포함한다. 호기심을 만족시키기, 삶의 목적의식을 제공하기, 정복감을 고조시키기, 자아를 양육하기, 친교를 제공하기, 도전에 대한 필요를 만족시키기, 리더가 되려는 욕구 만족시키기, 성적 환상을 충족시키기, 사랑과 인정의 욕구를 충족시키기.

CHAPTER 02

호기심을 만족시키기

6학년 때 나는 학교에서 컴퓨터 작업에 뛰어난 가능성을 보여 영재 프로그램에 뽑혔다. 그 당시 우리는 애플 컴퓨터를 가졌고 선생님이 우리에게 기본적인 프로그래밍 기술을 가르쳤다. 그것은 신나는 일이었다. 멋진 새 컴퓨터 앞에 앉아서 기본적인 컴퓨터 언어를 배우기 시작했고 새로운 세계가 내 앞에 열렸다.

나는 이런 지식을 얻고는 부모님에게 그 당시 매우 강력했던 코모도 64를 사 달라고 했다. 코모도를 TV에 연결하고 자료 저장을 위해 드라이브를 설치했다. 나의 부모는 컴퓨터가 대단한 학습 기계라고 믿었고 지하 감옥을 통과하는 데 수학 문제의 대답을 요구하는 모험 게임을 사 주었다. 나는 수학을 배우고 재빨리 문제를 풀었지만 실제로는 지하 감옥에 살고 있는 쥐, 거인, 괴물을 죽이는 신무기와 힘을 얻기 위해 게임을 했다.

나는 무작위 숫자 생성과 가능성에 기반을 둔 확률과 전쟁 게임을 만드는 코모도 64를 사용했다. 비디오 게임을 하는 것은 도박을 하는 것과 비슷하다. 많은 비디오 게임은 주사위의 역할이 죽음, 승리, 보상을 결정짓는 확률과 가능성의 게임에 기반을 두고 있다. 코모도 64는 극도로 강력하지만 게임을 하는 비용은 적당하다. 나는 게시판 시스템에 들어가 게이머들이 모뎀으로 연락하고 게임을 사고파는 내 게시판을 만들었다. 초당 300비트 모뎀 전송률로 파일이 전송될 때 가족 중에 누군가가 전화를 들고 있어야 했기에 매우 불편했다. 나는 모뎀 속도가 빨라져 초당 5만 6천 비트의 전송률이 됐을 때 너무 신났다. 나는 전송률이 더 빨라질 수 있을 것이라고 생각하지 않았고 전송 속도가 즉각적일 수 있는 날을 꿈꿨다.

나는 코모도 64로 끝이 없을 정도의 오락을 즐겼는데, 게임을 살 돈을 마련하기 위해 여름에는 딸기를 따고 집에 페인트칠을 하면서 일을 했다. 나는 곧 구식 게임에 지루해졌고 할 수 있는 한 많은 새로운 게임을 샀다. 내가 돈이 없었을 때는 게시판에서 게임들을 다운로드했다. 소비자들에게 인터넷이 보급되기 전에 게시판 시스템은 모뎀과 전화선을 통해 인간 대 인간의 상호작용을 촉진시켰다. 나는 게시판 시스템에서 게임을 교환하기를 원했던 더 나이 든 게이머를 만났다. 그는 근처에 살았고 우리는 게임들을 복사하고 우리가 가진 게임들을 교환하느라 많은 날을 보냈다.

나는 야외에서 놀기보다는 운동 경기 비디오 게임인 여름 게임들을 하는 데 상당한 시간을 썼다. 여름 게임들은 나에게 올림픽 선수가 되는 꿈을 허락해 주었다. 나는 다이빙 선수, 장대높이뛰기 선수, 수영 선수, 릴레이 주자, 체조 선수 그리고 사격 선수로 경쟁했다. 게임은 나 자신을 금메달 선수로 상상하도록 허락했다. 디지털 세계에서 나는 브루스 제너나 칼 루이스일 수 있었다.

비디오 게임과 컴퓨터의 세계에 대한 나의 호기심은 커졌다. 나는 비디오 게임이 나에게 주는 느낌을 좋아했다. 나는 환상의 세계에 빠져 노는 것을 즐겼다. 나는 이야기의 주인공이 되는 흥분을 경험했다. 새로운 디지털 세계의 탐험은 나를 유혹했고 나의 모든 관심을 끌었다. 비디오 게임은 내가 어렸을 때 즐겨 읽던 『너 자신의 모험을 선택하라(Choose Your Own Adventure)』라는 책에 설정된 각본보다 더욱 복잡하고 큰 디지털 세계를 탐험하면서 내가 그 안에서 살도록 허락했다. 『너 자신의 모험을 선택하라』는 독자에게 이야기의 결과에 영향을 주는 선택을 하게 해서 독자 자신이 주인공인 것처럼 느끼도록 했기에 인기가 있었다. 책이 끝났을 때 나는 항상 실망을 했지만 비디오 게임은 거의 끝이 없었다. 나는 영원히 계속되는 것 같았던 모험 비디오 게임을 할 수 있었다. 나의 호기심은 나의 갈증 난 마음을 컴퓨터, 프로그래밍 그리고 비디오 게임으로 이끌었다. 학교는 쉬웠고 지루했다. 하지만 디지털 세계는 나에게 도전을 주었다.

수억 명의 사람들을 비디오 게임에 빠지게 하는 것은 이런 호기심이다. 그것은 여행하는 새로운 우주이고 풀어야 할 새로운 문제이며 성취해야 할 새로운 과제다. 호기심에 대한 인간의 기본적 욕구를 채워 줌으로써 이런 게임들은 사람들을 자석처럼 끌어당긴다. 〈스페이스 인베이더스〉가 발매되었을 때 높은 점수를 받고 발사되는 미사일을 피하기 위한 전략을 개발하는 것이 가장 중요한 일이었다. 단순한 게임이었지만 새로운 디지털 세계의 탐험은 때때로 사람들을 오랜 시간 동안 놀게 했다. 그러나 그러고 나서 게임은 더욱 어려워지게 된다. 외계인들은 더욱 빠르게 움직이기 시작하고 게임하는 사람에게 더 가까이 오면서 게이머에게 성공을 위한 새로운 전략을 내놓고 쓰도록 강요한다. 게임은 호기심을 가진 사람에게 탐험하고 시험해 보며 정복하도록 새로운 세계를 허용한다.

유사하게 〈미사일 커맨드(Missile Command)〉란 게임에서는 게이머가 도시들을 구하고 방어하려고 한다. 게이머가 새로운 수준에 도달하면서 적들이 어떻게 공격할지를 예측하기가 더욱 어려워지고 전략이 바뀐다. 기본적인 게임에서 이런 형태의 전략들은 그것들을 매우 유혹적으로 만든다. 게임이 더욱 복잡해질수록 게임은 더욱 중독적이 된다. 디지털 세계가 난이도를 올리면서 호기심을 가진 게이머는 더욱 게임에 빠지고 결국 게임에 걸려든다.

〈월드 오브 워크래프트(World of Warcraft)〉나 대규모로 많은 사람이 참여하는 다자간 인터넷 역할 게임(MMORPG)과 같은 최근 게임을 보면, 게이머들이 새로운 땅과 세계를 탐험하기 때문에 호기심이 채워진다. 다수가 참여하는 이런 역할 게임은 스테로이드를 쓰는 비디오 게임이다. 인터넷 게임으로 게이머는 전 세계 다른 게이머들과 함께 실시간으로 게임을 한다. 사회적 요소는 중독적 성향을 확대시킨다. 게이머에게 도전적이고 보상적인 경험을 만들도록 하기 위해 새로운 지하 감옥과 원정대는 주인공들이 쓸 수 있도록 요술 무기와 갑옷을 가진 독특한 생명체를 제공한다. 이런 형태의 보상은 혈관에 엔도르핀을 보내고 뇌에는 기분이 좋아지는 도파민을 보내도록 몸에 신호를 준다. 이런 보상은 게임을 하는 데 더욱 빠지게 하면서 게이머에게 "이 게임은 재미있어."라고 이야기한다.

마침내 나는 먹는 것을 즐기는 것보다 비디오 게임을 하는 것을 즐겼다. 한번은 어린 소년으로 엄마와 쇼핑을 하고 있는 중에 엄마가 나에게 점심을 사 먹으라고 10불을 준 것을 생각했다. 델리에서 메뉴를 보면서 나는 〈미사일 커맨드〉 게임기를 알아차렸다. 10불을 동전으로 바꾸면서 동전교환기에서 동전이 떨어질 때 땡그랑거리는 소리를 들으면서 아드레날린이 솟구치는 것을 느꼈다. 〈미사일 커맨드〉로 2불 어치를 놀고 점심값으로 8불을 남겨 두려고 계획했다. 게임을 8번이나 하고 난 후 나는 배가 고프다는 것을 느끼지 못했다는 것을 스스로 깨달았고 게임기에 또 3불을 썼다. 결국 나는 〈미사일 커맨드〉에 10불을 모두 쓰고 말았다.

나는 벤치에 앉아 엄마를 기다리고 있는 동안 게임에 10불을 모두 써 버린 것에 대해 불안하고 죄책감이 들며 부끄럽게 느꼈다. 엄마는 한 시간에 4불 이하를 벌었다. 나는 게임기에 모든 돈을 써 버리고 너무나 이기적이라고 느꼈다. 나는 배가 고팠고 점심을 먹을 돈이 없었다. 그래도 여전히 나는 도시들을 모두 날려 버리는 마지막 단계까지 도달할 더 많은 돈을 가졌기를 바랐다. 나는 폭발을 보는 희열과 게임의 사운드를 들으면서 생기는 흥분을 갈망했다.

비디오 게임을 하는 것은 중독 행위와 연결된 신경 회로를 강화한다. 슬롯 기계를 할 때 도박꾼은 대부분의 시간은 돈을 잃지만 때로는 돈을 따기도 할 것이다. 그러나 비디오 게임은 게이머가 대부분의 시간을 이기도록 고안이 되었다. 큰 잭팟은 게임에서 보너스가 있거나 적이 매우 드문 아이템을 포기했을 때 생긴다. 만약 게이머가 원정 여정의 끝에 우두머리를 물리치면 우두머리가 귀한 아이템을 포기하는 1% 이하의 가능성일 테고 그래서 게이머는 그런 아이템을 위해 100번 이상 우두머리를 물리쳐야 한다. MMORPG에서 모든 게이머는 등장인물들이 더 빠르고 강하며 더 세질 수 있도록 돕기 위해 마술 갑옷, 무기 그리고 그런 캐릭터들을 위한 아이템을 얻고 지니려고 한다. 마술적 보상과 그것이 게임 실력을 어떻게 향상시킬지에 대한 호기심은 게이머로 하여금 게임에 몰두하게 하면서 끌어당기는 근본적인 욕구를 키워 준다.

도박과 비디오 게임에서 보듯이 다양한 보상 체계는 게임 행위를 더욱 강화시킨다. 리드 대학에서의 연구는 스키너의 실험에서 생쥐에게 했던 것과 유사한 조작적 조건 모델을 써서 비디오 게임에서 특별한 과제들을 훈련시킬 수 있다는 것을 보여 주었다.[1] 어떤 게이머들은 너무 중독이 되

1) Neuringer et al. "Comparing Choices and Variations in People and Rats: Two Teaching Experiments." *Behav Res Methods Instrum Comput.* 2000 Aug; 32(3):407-16.

어 게임을 하는 것을 중단시킬 때 심각한 신체적 · 정서적 금단 증상을 경험한다. 선행 연구들은 비디오 게임 중독이 아동의 우울, 사회공포증 그리고 불안에 관련되어 있다고 알려 준다.[2)]

비디오 게임의 설계자들은 호기심에 대한 이런 필요를 알았다. 그리하여 거대한 디지털 환상의 세계를 제공하고 사회적인 인터넷 상호작용을 촉진시키면서 게이머들에게 무상 게임을 제공하면서 매달 회비를 내며 게임을 계속하도록 묶어 두는 완전한 상업적 모델을 개발했다. 예를 들면, 〈월드 오브 워크래프트〉는 평균 한 달에 15불의 회비를 내는 천백만 명 이상의 인터넷 구매자가 있는 게임이다.[3)] 그것은 단지 한 게임에 연간 10억 불 이상의 수입이 생기는 것이다. 이런 방식으로 비디오 게임은 전 세계에서 게이머들의 호기심을 계속 사로잡는다.

2) Gordon, Serena, "Video Game 'Addiction' Tied to Depression, Anxiety in Kids." CBS News. January 17, 2011. http://www.cbs19.tv/story/13854944/video-game-addiction-tied-to-depression-anxiety-in-kids. Accessed August 27, 2011.

3) Ign. "World of Warcraft: Cataclysm." Ign PC. May 9, 2011. http://pc.ign.com/articles/116/1166958p1.html. Accessed September 11, 2011.

CHAPTER 03

삶의 목적의식을 제공하기

스카이다이빙을 한 후 마크는 그의 트럭 뒤에 낙하산을 던져 넣었다. 그는 차에 기어를 넣고 친구에게 빌린 집으로 갔다. 집으로 가는 도중 그는 역할놀이 게임 중 하나인 〈울티마 온라인(Ultima Online)〉이라는 최근에 산 새로운 게임에 마음이 사로잡혔다. 집에 도착했을 때 차의 부동액이 샜고 그의 낙하산이 젖었다는 것을 알고서 욕조에서 그의 장비를 씻으려고 했다. 그는 물을 틀고 약간의 세제를 풀고 아래층으로 향했다. 새로운 게임을 손에 들고 흥분해서 컴퓨터로 가서 게임을 설치하기 시작했다. 게임이 저장되면서 아드레날린이 쇄도하고 친숙한 흥분을 느꼈다. 새로운 게임에 뛰어드는 것을 기다리기가 어려웠다. 그는 조심스럽게 새로운 전사 캐릭터를 만들었고 그가 원하는 특징들을 꼼꼼하게 골랐다. 그는 무기류와 갑옷을 선택했고 자신의 새로운 캐릭터를 위한 업그레이드된 무기와 갑옷을 사기 위해 게임 머니를 얻을 방법을 계획했다. 마크는 자신의 아바타며 페르소나인 이상적인 비디오 게임 캐릭터를 만들었다.

게임이 시작되고 마크의 캐릭터는 대담하게 도시 여기저기를 다녔다. 그는 최신식 무기들과 갑옷들을 사기 위해 무기고를 방문했다. 돈이 부족해서 그는 장비를 업그레이드하는 것을 연기하기로 결정했다. 그는 전투 후 치료할 필요가 있기를 기대하면서 치유 분량을 들여놓았다. 그러고는 칼, 방패, 가죽 갑옷과 물품들과 같은 장비들을 꼼꼼하게 다시 확인했다. 그는 거인들 셋을 죽이고 마을에 알리기 위한 원정대를 곧 이끌 것인데 그것은 쉽게 마칠 수 있는 과제다. 그러고는 그는 수수께끼를 푸는 어려운 모험을 완성하는 요청을 받는다. 약한 물소리가 그의 관심을 끌 때까지 그는 게임에서의 임무에 심하게 빠졌다. 깜짝 놀라면서 마크는 욕실에서 물이 계속 흐르고 있다는 것을 기억했다. 그는 이층으로 올라가 욕조에서 강물이 공기 구멍으로 치솟는 것처럼 물이 폭포수처럼 흘러내리고 있는 것을 보았다. 게임에 너무 몰두하는 바람에 마크는 몇 분 만에 친구의 집의 일부분을 침수시키고 말았다.

비디오 게임 중독으로 갈등하는 많은 성인과 아동에게 삶의 진정한 목적의 결여는 게임 습관을 단순하게 버릴 수 없는 이유에 대한 단서다. 그래서 그들이 하기로 정한 게임은 그것이 어떤 마술적인 물건을 찾기 위해 탐색하든지, 악당들을 찾고 섬멸하든지, 이상적인 파트너와 디지털 세계에서 살든지, 디지털 세계에서 꿈꾸는 직업을 추구하든지, 디지털 농장을 돌보든지 또는 모든 악의 지하 동굴을 소탕하고 상을 받기 위해 돌아오든지 간에 이런 목적의식을 제공한다.

이런 디지털 보상 체계는 뇌에 좋은 기분을 허락한다. 모험과 과제를 끝내는 게이머들은 심장 박동을 빠르게 하고 땀이 많아지게 하면서 아드레날린과 같은 호르몬의 방출을 조절하는 신경전달물질들을 발산하는 뇌의 생화학적 변화에 따른 흥분과 성취감을 느낀다. 뇌의 이런 변화는 게이머들에게 현실의 삶에서 성취한다면 그들이 느꼈을 보상과 실제 영예와 동일한 감각을 갖게 한다. 게이머들은 비디오 게임을 할 때 행복하게 느끼고 어떤 게이머들은 믿을 수 없을 만큼 쾌감을 묘사한다. 목표 지향적이고 스릴을 추구하며 도전을 즐기는 게이머들에게 이런 목적의식은 그것들을 이루도록 도와준다. 실제 삶에서 목적의식이 부족한 사람들에게 비디오 게임은 게이머들이 그들 자신을 게임에서 만든 아바타와 연결시킬 수 있는 길을 제공하기 때문에 살아가는 근거, 정체성을 갖는 근거, 자아를 형성하는 근거를 준다.

디지털 뷔페는 어떤 사람의 필요든 충족시킬 수 있다. 우주 여행자가 되기를 원하는가? 환상적인 전사나 강력한 주문을 걸 수 있는 마술적인 캐릭터가 되기를 원하는가? 궁사가 되기를 원하는가? 당신 자신을 완벽한 디지털 남성과 호화롭게 결혼하여 디지털 세계에서 살고 있는 아름다운 여성으로 상상하기를 원하는가? 실제로 어떤 사람이 어떤 것을 찾든 많은 사람이 실제적인 삶을 가장할 수 있는 게임들이 있다. 우주 비행사들, 해양 저격수들, 우주선의 승무원들, 외계인 전사들, 이상적인 가족들 그리고 스포츠 스타들이 있다. 게이머가 무엇을 상상하든 가능한 것이다.

예를 들면, 〈심즈(The Sims)〉라는 게임에서 게이머는 여러 캐릭터로 놀 수 있는데 그들을 다른 진로와 대인 관계의 목표로 인도하고 궁극적으로는 그들의 운명을 지배하게 된다. 게이머는 캐릭터들의 집을 사고 그들의 직업을 찾으며 그들의 대인 관계를 관리하고, 파티를 주최하며 그들이 결혼하고 아기를 갖게 되는 것을 본다. 그것을 깨닫지 못한 채, 디지털 캐릭터의 삶을 바라보고 관리하고 지배하며 게이머들에게 목적의식을 주면서 그들은 캐릭터를 통해 삶을 시작한다.

중독자로서 나 자신의 중독을 숨기려 하면서 혼자 게임을 하는 데 더 많은 시간이 필요했고 나는 아내에게 게임을 하는 데 더 많은 시간을 허락받기 위해 〈심즈〉를 소개했다. 아내는 자신의 〈심즈〉 캐릭터가 아기를 갖는 것을 경험했을 때, 자신의 친구 중 하나가 실제로 아기를 낳았을 때처럼 똑같은 흥분과 기쁨을 갖고 나를 컴퓨터로 불렀다. 나의 아내는 그녀가 〈심즈〉에 나오는 캐릭터들을 만들고 신체적 특징들과 성격을 정했기 때문에 그것들에 정서적으로 끌리고 느꼈던 것을 나와 공유했다. 그녀는 아이들과 내가 그녀의 〈심즈〉 캐릭터와 놀 때 우리에게 화를 냈다.

그녀는 우리가 각기 자신의 〈심즈〉 캐릭터와 놀기를 원했다.

매일 나는 일을 마치고 집으로 가기를 기다렸고 저녁 식사 후 서둘러 게임을 했다. 어느 날 저녁 나는 15분의 대결에서 나의 적을 이기기를 바라면서 〈스타크래프트(Starcraft)〉 게임을 시작했다. 30분 후 아내는 식사를 하라고 불렀다. 나는 몇 분 후 가겠다고 다시 소리를 질렀다. 나의 적은 이기기가 어려웠고 나는 완전히 시간 감각을 잃고 말았다. 결국 2시간 후 나는 혼자서 찬 음식을 먹었다. 이런 일은 흔한 일이 되고 말았다.

비디오 게임에 완전히 몰입되고 관심을 쏟게 되면서 게이머들은 시간을 더 이상 분리시킬 수가 없게 된다. 전에는 30분 게임을 했던 것이 한 번에 한 시간, 두 시간, 네 시간 또는 여덟 시간이 되고 만다. 어떤 중독된 게이머들은 밤새 게임을 하고 하루 종일 잠을 자며 학업과 직장 일을 등한시한다.

이 책을 쓰면서 조사했을 때, 수십 명의 아동과 청소년들이 비디오 게임을 과도하게 하는 것 때문에 학교를 그만둔 것을 알게 되었다. 한 인터넷 게임 사이트(www.olganon.com)와 다른 유사한 사이트에서 과도한 비디오 게임과 게임 중독으로 고통을 받거나 삶을 망친 사람들의 수천 개의 이야기가 있었다.

〈세컨드 라이프(Second Life)〉라는 게임에서는 천만 명 이상의 사람들이 격자 회로라고 불리는 디지털 기반에서 살기 위해 가상의 집, 가상의 섬, 가상의 옷 그리고 가상의 소비 물품을 사기 위해 실제 돈을 쓴다. 사람들은 〈세컨드 라이프〉라고 알려진 디지털 세계에서 키보드와 마우스를 조작함으로써 이상적인 직업을 추구하고, 그들이 꿈꾸는 관계를 발전시키고 출산을 경험하며 심지어 가상적 성관계를 갖는다.

디지털 세계는 실제 삶에서는 게이머에게 잘 정의되지 않거나 존재하지 않는 어떤 목적을 제공한다. 많은 사람은 〈세컨드 라이프〉와 같은 비디오 게임에 너무 많은 시간을 쓰므로 게임에 투자한 시간이 실제 삶에서의 사람들과 관계들에 보낸 시간을 넘어서게 된다. 디지털 파트너들과 친밀한 관계를 추구하면서 실제 결혼 생활은 붕괴되고 만다. 불행하게도 이런 환상적 관계들 중 많은 사람이 실제 삶에서 만났을 때 끔찍하게 끝나고 만다. 이런 사람들이 건강하고 진실한 관계를 갖지 못하도록 하는 똑같은 문제들이 여전히 존재한다. 그래서 게이머들은 그들의 환상적인 연인들과 진정한 관계를 발달시켜 보려고 한다.

〈라이프 2.0(Life 2.0)〉이란 다큐멘터리에서 제이슨 스핀간-코프(Jason Spingarn-Koff)는 실제 삶의 경계가 〈세컨드 라이프〉과 같은 비디오 게임의 디지털 세계와 어떻게 겹치거나 합쳐질 수 있는지를 설명했다. "매일 지구상의 도처에서 수백, 수천 명의 사용자들이 우리 자신의 세계와는 전적으로 다른 가상적 인터넷 세계인 〈세컨드 라이프〉에 접속한다. 그들은 거주하는 사람들이 아바타의 형태 속에서 대안적인 페르소나를 가장하는 새로운 현실에 들어간다. 현실, 환상 또는 이 두 가지의 건전한 혼합을 대변하면서 디지털이 인간의 욕구에 따라 형성되고 조작될 수 있는 자아들을 바꾸는 것이다. 이런 대안적 환경 속에서 현실과 가상현실 사이의 경계가 효과적으로 겹치면서 도피주의가 무성하고 관계가 형성되며 그리고 실제 세계의 이치가 성행한다."[1)]

삶의 갈등을 겪고 있는 사람들에게는 그것이 일터든 집이든 또는 학교든 그들이 이런 게임에 뛰어들어 목적의식과 존재 가치를 발견하는 것이 쉬운 일이다. 정서적이고 신체적으로 시간과 노력이 드는 그들의 꿈을 쫓

1) Life 2.0. http://www.life2movie.com/2010.

고 그들의 삶에서 진정한 의미를 실현하려고 시간을 쓰는 대신, 비디오 게임 중독자들은 디지털 세계의 일원이 되어 게임 제작자가 그들에게 제공한 목적을 달성하는 것이 보다 즐겁고 매력적이라고 받아들인다. 비디오 게임의 결과물이 단지 디지털임에도 불구하고 게이머들은 자신들이 무엇인가를 성취하고 있다고 느낀다. 하루 종일 비디오 게임을 하면서 시간을 보내고 난 후에도 대부분의 사람은 그들의 노력에 대해 아무 것도 보여 줄 것을 갖고 있지 않다.

모든 성공적인 게임의 목적이기도 한 이런 전적인 몰두는 게이머들이 게임 속에서 살고 있고 실제로 그들이 게임 속의 아바타나 주도하는 캐릭터인 것처럼 느끼도록 만들어졌기 때문에 영화나 책보다 훨씬 더 강력한 것이다. 종결이 있는 책이나 영화보다 더욱 유혹적인데, 가장 유혹적인 게임은 결코 끝나지 않고 모르는 사이에 게이머들을 디지털 세계로 끌어들이면서 게임 중독으로 이끄는 행위를 강화시킨다.

게이머들은 게임에서 어려운 상황에 몰렸을 때 신체적 변화를 보이기 시작한다. 그들의 심장은 더 심하게 뛰기 시작하고 손은 땀에 젖으며 그들은 게임에서 생긴 어떤 일로 놀란다면 신체적으로 고조될 것이다. 게이머들은 음악, 색상, 조명, 모든 완벽한 경험에 너무 몰두하여 그들이 어둡고 냄새나는 지하 동굴을 걸으며 지옥에서 온 괴물을 살해할 준비가 되어 있는 전사라고 느끼게 된다.

게임 제작자들은 비디오 게임에서 게이머가 목적의식을 느끼게 해 준다면 성공한 것이다. 집에 귀가했을 때 만약 어떤 사람이 첫 번째 하려고 원하는 것이 컴퓨터를 켜고 게임을 시작하는 것이라면 게임 제작자는 성공한 것이다. 만약 사람들이 하루 일과가 끝나고 첫 번째 생각하는 일이 앉아서 게임을 하는 것이라면 게임 제작자들은 목표를 달성한 것이다. 또는 게임에 너무 사로잡혀 욕조 물이 넘쳐 친구의 집을 물바다로 만든 마크와 같은 게이머처럼 그들이 실제의 삶을 무시한다면, 게임 제작자들은 관심을 끌고 유혹하며 재미있게 해 주고 도피를 조장하여 결국 게이머가 디지털 세계로 빠지게 하려고 착수했던 것을 해낸 것이다.

CHAPTER 04

정복감을 고조시키기

네 살 된 잭은 나의 집 근처에 살고 있고 나는 그의 부모를 몇 년 동안 잘 알고 있다. 그의 엄마는 소아과 의사이고 아빠는 안과 의사다. 잭의 부모는 잭이 비디오 게임을 얼마나 오래 하는지에 극도로 조심하고 있다. 그의 집에서는 비디오 게임을 하는 시간은 물론 TV를 보는 시간도 심하게 규제되고 있다. 최근에 그의 부모는 놀이방에서 TV와 게임을 치웠다. 어느 날 잭은 나의 집 앞에서 네 살 된 내 딸과 놀고 있었다. 그는 나에게 와서 "안녕하세요, 앤디 아저씨!"라고 인사를 했다. 나는 인사를 받으면서 그의 취미에 대해 물어보기로 했다. 게임에 대한 잭의 접근이 매우 제한되었지만 그는 비디오 게임을 좋아하고 열정을 갖고 게임에 대해 이야기한다.

"잭, 무엇을 하며 노는 것을 좋아하니?"라고 나는 그에게 물었다. "나는 비디오 게임을 좋아해요!"라고 잭은 대답했다. "네가 좋아하며 노는 게임은 무엇이니?" "〈레고 스타 전쟁 게임(LEGO Star Wars)〉이요. 그게 최고의 게임이에요!" "그 게임에서 무엇을 좋아하지?" "나는 악당을 죽이게 돼요." "너는 강해졌다고 느끼니?" "네, 그럼요. 나는 강하다고 느껴요! 나는 계속해서 악당을 죽여요." "네가 악당을 죽이면 무슨 일이 생기는데?" "그건 별일이 아니에요. 게임은 다시 시작되고 나는 다시 해 보면 돼요."

잭의 반응에 호기심이 생겼고 나도 똑같은 것을 느낀다는 것을 깨달았다. 게임이 내가 원하는 대로 되지 않을 때나 일찍 죽음을 경험한다면, 다시 시작하는 버튼이 나에게 성공할 수 있는 두 번째 기회를 허락해 준다. 반대로 실제의 삶에는 원상복구를 시켜 주는 장치가 없다. 결과적으로 내가 대학원을 다닐 때 실험실에서 현실의 갈등을 직면하고 어려움에 빠진 결혼 생활을 대처하는 것이 나를 우울하게 했다. 게임에서는 불굴의 존재가 된다는 것이 훨씬 더 즐길 수 있는 것이다.

비디오 게임이 게이머에게 가짜 죽음이나 임종 경험을 느끼게 하고 신과 같이 되거나 죽음을 정복하게 하며 죽었을 때 다시 부활시켜 줄 때, 게이머는 긴장, 위험 그리고 힘의 진정한 감각을 느낀다. 게이머가 죽음의 대결을 하고 있든지, 건물에 숨어 있는 적들을 찾아 습격하고 격퇴하든지, 지하 동굴 속의 악한 괴물을 죽이든지, 몸속에 고동치는 긴장을 느끼게 된다. 손바닥이 땀에 젖고 동공이 커지며 아드레날린이 나오면서, 게이머는 오직 게임에서의 위험스러운 작업에 몰두하면서 심장 박동이 올라간다.

비디오 게임을 하는 동안 게임을 하는 사람은 아드레날린, 호르몬 그리고 신경전달물질들이 몸에서 나오는 것을 경험하고, 의식이 각성되면서 게이머가 싸우든지 도망치든지 준비를 시켜 준다. 이것은 사람들이 높은 곳을 무서워하거나 사나운 맹수와 가까이 마주칠 때 취하게 되는 공포 반응과 똑같은 형태다. 그들은 고조된 각성 상태를 경험하는데 주변의 모든 것이 느려진 것 같고 흥분 상태가 떠맡는다. 비디오 게임도 똑같은 일을 하지만 게이머는 안전한 환경 속에 있다. 게이머는 하루에도 여러 차례 전투나 공중전을 할 수 있고 그런 경험에 뒤따르는 실행의 보상을 계속 받게 된다. 그리고 게이머가 싸우다가 진다면 어떻게 되는가? 그들은 실제로 죽지 않는다. 그들은 부활할 뿐이다. 어린 잭이 말했듯이 "그건 별일이 아니에요. 게임은 다시 시작되고 나는 다시 해 보면 돼요." 게이머들은 이런 막강해진 느낌, 신과 같은 능력을 얻게 된다.

우리는 죽음에 대한 공포를 끊임없이 되새기게 된다. 우리가 나이가 들고 노화된 신체의 자연적 결과를 보면서 죽음에 대한 우리의 공포는 증가한다. 그런 공포는 종종 우리가 어떻게 위험을 감수하고 인생에서 어떤 목적이나 목표를 정하며 어떤 진로를 택할 것인지를 결정하게 한다. 어떤 사람들은 다른 사람들보다 죽음을 덜 두려워한다. 그것은 예를 들어 우리가 군인, 경찰 그리고 소방관을 두는 이유이기도 하다. 게다가 죽음을 너무 두려워하는 다른 사람들은 어떤 대가를 치르더라도 비행기, 뱀 또는 거미를 피하려고 한다.

의사로서 나는 질병으로 죽음을 직면하는 많은 환자를 보게 된다. 사람들은 스트레스와 치명적 질병에 다르게 반응한다. 어떤 사람들은 죽음에 맞서 마지막 순간까지 뛰어난 면을 보인다. 다른 사람들은 죽음의 현실을 피하기 위해 중독적인 행위에 매달린다.

내 의사 동료 중 하나는 진행 중인 암으로 죽어 가는 수잔이란 올케가 있다. 수잔은 하루 종일 거의 매일 MMORPG를 한다. 수잔은 병적으로 비대하고 가족과 친구들로부터 고립되어 있으며 비디오 게임의 디지털 세계로 도피해 있다. 또한 말기 암과 천천히 죽어 가는 몸의 현실로부터 도피해 있다.

실제 삶에서 인간은 정서, 두려움, 최후의 죽음에 취약하고 민감하다. 그러나 비디오 게임의 디지털 세계에서는 실제적 죽음이 없다. 게임에서는 캐릭터를 복원하고 재개하며 부활시킬 능력이 있다. 죽음에 대한 인간의 자연적인 공포를 제거하므로 이런 비디오 게임은 게이머들에게 안전, 지배 그리고 자신의 자아를 고양시키는 담력을 주어 그들로 하여금 자신을 초능력을 지닌 불굴의 영웅처럼 느끼게 만들어 준다.

어떤 게임들은 게이머들에게 불멸과 완전함의 감각을 준다. 남성들과 여성들은 그들의 디지털 아바타가 결코 아프거나 나이를 먹지 않고 디지털로 인해 완벽하게 보이는 〈세컨드 라이프〉라는 게임을 좋아한다. 이 〈세컨드 라이프〉에서 디지털 아바타들은 영원한 삶을 산다. 〈세컨드 라이프〉는 사람들이 수백만 명의 배역으로 이루어진 끝나지 않는 TV 연속극을 살아가는 완전한 몰입을 허용한다. 그러나 그들이 컴퓨터를 끄는 순간 그들은 현실로 되돌아가야 한다. 그들은 인간의 삶이 쉽게 깨질 수 있다는 것을 알고 있다. 그들은 자신이 결국 죽는다는 것을 알고 있다. 그들은 자신이 영웅이거나 그렇게 간주될 수 있는 불멸의 세력이 아니라는 것을 기억한다. 그들은 자신의 삶에서 발생하는 모든 것에 대한 완전한 지배력을 갖고 있지 않다는 것을 알고 있다. 게임 중독자들이 디지털 세계를 더 좋아한다고 해서 놀라운 일일까?

CHAPTER 05

자아를 양육하기

스티브는 잘 훈련된 〈콜 오브 듀티(Call of Duty)〉의 병사였다. 게임기에 접속한 후 그는 이기기로 마음먹고 게임에 열중한다. 그는 재빨리 자신의 친구들을 확인했다. 다른 게이머들과 인터넷 채팅을 하고 욕설을 퍼붓기 위해 그는 심지어 1야드에 10불을 받고 잔디를 깎아 힘들게 번 50불을 블루투스 헤드셋을 사는 데 썼다. 그는 신중하게 자신의 장비를 골랐고 무기류를 알아보며 그가 필요한 수류탄을 정했고 주중에 펼칠 그의 전략을 세웠다.

그의 부모는 주말에 몇 시간 동안만 게임을 하도록 허락하고 게임 접속을 제한시켰지만, 그는 주말의 전투에 집중하려고 주중에 많은 시간을 보냈다. 그는 유튜브로 최신 전술들을 보았고 게임을 이길 수 있는 새로운 방법들을 읽어 보았으며 매일 하루 종일 그가 게임을 하도록 허락받은 금요일 저녁에 할 게임의 작전을 짰다. 학교에서도 쉬는 시간이나 점심시간에는 다른 아이들과 그 게임에 대해 이야기했다. 심지어 게임 시간이 제한되었어도 스티브는 〈콜 오브 듀티〉에 대한 그의 강박을 키울 길을 찾았던 것이다.

스티브가 게임기에 접속했을 때 그는 정말 수십만의 다른 게이머들이 싸울 준비를 하고 있는 것을 알았다. 게임은 사람들을 집단별로 나눠 주고 악과 싸우는 선, 부대와 싸우는 다른 부대, 국가와 싸우는 다른 국가로 전투에 들어갈 준비를 시켰다. 두 눈은 화면에 고정되었고 스티브는 전쟁터로 달려갔다. 그는 손에 잡은 칼을 휘둘렀고 저격수를 발견하고는 땅바닥으로 기어 접근했다. 그는 적을 죽이려고 조준을 하면서 무기를 발포했다. 특별한 무기들을 개시할 수 있는 자격을 얻기 위해 그는 연속해서 죽이는 것을 성공하기 위해 집중했다. 몸속에 아드레날린과 엔도르핀이 솟구치는 것을 강하게 느꼈다. 학교에서 축구 시합을 할 때와 같은 일상 활동에서는 거의 그런 적이 없지만, 그는 바지에 땀이 나는 손을 닦고 집중력을 갖고 게임을 계속 했다. 만약 혼자 있었다면 스티브는 하루 종일 그리고 밤늦도록 게임을 했을 것이다.

〈콜 오브 듀티〉에 사로잡히기 전에는 스티브는 영리하고 운동을 좋아했다. 그는 평균 성적으로 3.5를 확실하게 유지했다. 그는 타고난 운동 체질이었고 놀라울 정도의 눈과 손의 협응력을 지녔다. 그러나 〈콜 오브 듀티〉에 사로잡히면서 학업 능력이 떨어졌고 축구장에서도 실력 발휘를 제대로 못했다. 과도하게 게임을 할 때 그는 거의 평점 3.0을 얻지 못했고 신체적 건강을 유지하지 못했다. 뛰고 운동하는 것이 어렵고 힘들었다. 정기적으로 빠질 수 있는 흥분의 쾌감을 주는 비디오 게임과 달리 학교는 지루했다. 게임에서 오성 장군으로 그가 받은 디지털 포상과 화려한 메달은 실제 삶에서의 포상과 인정을 대신해 주었다.

자아를 양육하려는 욕구는 인간의 기본적 욕구다. 모든 사람은 자신감을 갖고 긍정적인 자아상을 유지하며 고개를 당당하게 들고 걸을 수 있는 자아가 필요하다. 비디오 게임은 게이머들이 장군, 왕, 영주, 미녀, 완벽한 존재이고 그리고 신의 역할을 할 수 있게 해 주기 때문에 그들의 자아에 굉장한 후원을 해 준다.

예를 들면, 〈콜 오브 듀티〉에서 게이머들은 오성 장군의 지위에 빨리 도달할 수 있는 반면, 현실세계에서는 열성적인 미군이 40년을 복무할 수 있으며 단지 준장 계급에도 결코 도달하지 못한다. 게임에서 성취는 게이머에게 완전한 통제, 힘 그리고 엄청난 승리감을 준다. 게이머가 디지털 자아를 지배하기 때문에 게이머의 실제 삶의 자아와 디지털 자아는 무섭게도 하나가 되고 만다.

가상 세계에서 너무 많은 시간을 쏟을 때, 디지털 자아는 게이머의 실제 자아와 하나가 되고 그는 실제 세계에서의 관계와 연결을 잃게 되며 실제 세계의 역할에서 수행 능력이 떨어지고, 결국 비디오 게임을 하지 않을 때는 우울증 상태에 빠지고 만다. 만약 한 인간의 자아가 디지털 자아와 하나가 된다면, 중독된 게이머는 실제 삶이 나빠지지만 자신에 대해 기분이 좋아질 수 있는 곳이기 때문에 비디오 게임을 보다 많이 할 수 있기를 원한다. 비디오 게임 중독은 심한 우울증, 수치심, 부인, 게임에 대한 증가된 욕구 그리고 게임을 중단할 능력의 상실을 초래하는 악순환의 소용돌이를 몰고 온다.

비디오 게임은 자아를 채워 주고 사람들을 기분 좋게 해 주는 디지털 마약의 한 형태다. 비디오 게임들의 거대한 디지털 뷔페와 언제 어디서나 사람들이 원하면 이런 게임들에 접속할 수 있는 능력 때문에 모든 사람을 사로잡는 비디오 게임이 있게 되고 사람들은 그런 게임에 걸려들게 되는 것이다.

나는 네 살 된 아이가 비디오 게임을 하려고 스마트폰과 태블릿으로 격투를 하는 것을 볼 때, 비극적으로 이런 게임들이 중독적인 가능성이 있다는 것을 안다. 네 살 된 내 딸은 〈앵그리 버드(Angry Birds)〉라는 게임을 많이 하려고 친구들과 싸운다. 게임을 하는 동안 아이들이 보여 주는 집중력은 강하고 인상적이다. 아이들이 게임을 할 때 대단한 성취감과 자아 충족이 있는 것 같다. 실력이 올라가고 구조물들을 때려 부술 때 이런 네 살 된 아이들도 흥분하며 자랑스럽게 환호한다.

나는 〈워크래프트 3(Warcraft III)〉와 〈스타크래프트〉와 같은 인터넷 실시간 전략 게임에서 다른 게이머를 물리치는 것을 즐겼다. 나는 순위의 사다리를 올라가면서 순위표의 꼭대기에 내 이름이 있는 것을 보면서 굉장한 성취감을 느꼈다. 나는 내가 패배하기보다는 훨씬 더 많은 게임을 이겼다는 것을 자랑스럽게 느꼈다. 그런 성취가 실제가 아니더라도, 자아를 양육하므로 나는 중요하고 성공했으며 그리고 유능하다고 느꼈다. 불행하게 성공의 이런 느낌은 오래 지속되지 않았다. 게임을 떠날 때 나는 내가 현재 삶의 문제가 있고 대면할 현실 삶의 도전이 있다는 것을 깨달았다. 그래서 나는 현실의 삶의 문제들을 잊기 위해 게임을 더 해야 했다.

디지털 도피의 이런 형태는 게이머들에게 새로운 성취와 비디오 게임 안에서의 기분을 좋게 해 주는 새로운 보상들을 얻도록 몰고 간다. 만약 게이머가 계속 게임을 하지 않으면 그들은 상실, 고독, 우울 그리고 절망의 감정을 느끼기 쉽다. 중독된 게이머에게 문제를 푸는 것은 게임 속에 처박혀 현실 삶의 문제와 도전으로부터 도망치는 것을 의미한다.

비디오 게임 중독은 모든 대학에서 급격히 증가하고 있는 문제다. 샌디에이고에서 볼티모어로 가는 항공편을 기다리는 도중, 나는 학기 중에 자신의 학과의 모든 학생이 수많은 시간 비디오 게임을 한다고 말하는 컴퓨터 공학을 전공하고 있는 브라이언을 만났다. 여러 명의 학생은 일주일에 비디오 게임을 30시간 이상이나 하기 때문에 학과 성적이 형편없었다. 어떤 학생들은 졸업을 하려고 학교를 몇 년 더 다니기도 했다. 내가 브라이언에게 비디오 게임이 왜 그렇게 중독적인지 물었을 때 그는 "비디오 게임만큼 그런 쾌감과 행복을 주는 것은 삶에서 아무것도 없어요."라고 답했다.

나는 최근에 내 친구네 집에서 한 젊은 여성을 만났다. 린은 동부의 명

문대를 다니고 있다. 린은 자신의 남자 친구들 모두가 비디오 게임을 한다고 말했다. 그들은 집단으로 모여 밤새 게임을 하고 과도하게 게임을 한다. 아름답고 지적인 여성인 린은 "남자들이 너무 게임을 하느라고 바빠서 여자들을 쫓아다니지 않는 바람에 짜증난다."고 덧붙였다. 매력적인 사람들과 데이트를 하는 것보다 게임이 더 재미있고 더 자신을 위로해 주는 것인가? 남자들은 비디오 게임을 함으로써 여성들과의 관계를 회피하는가? 필립 짐바도(Philip Zimbardo) 박사는 「남자들의 죽음(The Demise of Guys)」이란 논문에서 비디오 게임과 인터넷 포르노는 소년들의 모든 세대를 망치고 있다는 주장을 제시했다.[1)]

게이머가 비디오 게임에서 얻을 수 있는 자신감을 북돋우고 자아를 고양시키며 디지털 세계에서 그들에게 힘을 주는 것보다 항상 더 많은 어떤 것이 있다. 인터넷 역할놀이 게임의 대다수에서 게이머들은 그들의 장비, 갑옷 또는 무기들을 과시하고 그들이 다른 게이머가 낮은 수준의 장비를 갖고 있는 것을 알게 되면 자신의 집단에 그를 넣어 주지 않는다. 그런 게이머들은 거부당했다고 느껴 그들의 장비를 업그레이드해야 하고 비디오 게임에서 다른 게이머들의 수준에 맞추기 위해 게임을 더 한다.

그래서 게이머들은 비디오 게임에 더 많은 시간을 투자하거나 심지어 그들의 캐릭터를 강화시키기 위해 실제 돈을 쓰면서 디지털 세계에서 최신 유행을 좇는다. 비디오 게임 중독자는 그들의 디지털 페르소나인 아바타를 더 강하게 만들기 위해, 그래서 그들이 소속감을 느끼고 자아감을

1) CNN Health. 'The Demise of Guys': How Video Games and Porn Are Ruining a Generation. http://www.cnn.com/2012/05/23/health/living-well/demise-of-guys/index.html, May 25, 2012. Accessed on May 25, 2012.

회복하기 위해 엄청난 시간과 돈을 쓴다. 본질적으로 인터넷 게임에서 이런 다수의 게이머는 다른 게이머들을 함정에 빠뜨린다. 그들은 그냥 평범하게 게임을 할 수 없는데 비디오 게임에서 끊임없이 우월함을 달성하고 보여야 할 엄청난 동료 압력이 있기 때문이다. 중독된 게이머가 낮은 자존감, 스트레스 또는 어떤 다른 형태의 정서적 문제들을 겪을 때 디지털 세계는 즉각적인 자아 충족을 위한 환경을 제공한다.

CHAPTER 06
친교를 제공하기

나는 리드 대학을 갔고 학생 휴게실에 있는 핀볼 게임기에 동전이 있을 때를 빼곤 비디오 게임을 하지 않았다. 우선 나는 게임을 하는 컴퓨터에 접속하지 않았다. 내 맥킨토시 컴퓨터는 흑백 모니터와 제한된 게임 호환성으로 게임에 이상적인 컴퓨터가 아니었다. 나는 대학을 다니면서 방해받을 필요가 없다는 것을 알기에 모든 게임기를 부모님의 집에 두고 왔다. 내가 어린 시절 겪은 가난으로부터 벗어나기를 원했기 때문에 나는 의대를 들어가는 데 집중했다. 게다가 나는 사람들과 일하는 것을 즐겼고 의학 공부를 좋아했으며 다른 사람들을 기분 좋게 하려는 강한 욕구가 있었다.

대학을 다니면서 나의 결심은 국립의료원이 지원하는 의학 박사와 철학 박사의 이중 학위 프로그램인 의학생 훈련 프로그램을 통해 의대까지 여섯 차례의 전액 장학금을 받는 것으로 보답을 받았다. 장학금 중 세 가지는 상위 10위권의 의대들로부터 받은 것이다. 나는 등록금과 생활비로 연간 보조금을 받았다. 존스홉킨스 대학교의 의대에서 외과 의사와 신경과학 박사 학위를 받는 데 집중하면서 의학 훈련을 해 나가기로 결정했다. 나는 분자생물학과 학습과 기억의 신경생물학 그리고 이런 신경망이 치매와 같은 신경 퇴화적인 질병으로 어떻게 손상되는지를 연구했다.

MD-PhD 프로그램은 의대 2년, 대학원 4년, 임상 수련 2년으로 나뉜 8년 과정이었다. 나는 리드 대학에서 강한 과학과 연구 배경을 갖고 있어서 의대 과정은 쉬웠다. 나는 의대에서의 시험들을 통과하기 위해 공부하는 데 상당한 시간을 쏟지 않았다. 의대생으로 나는 과학 기초를 배우는 처음 2년이 지루했다.

반대로 PhD 대학원생의 삶은 고립되었다. 나는 실험실 한구석에서 일했고 용액을 붓고 DNA 배열을 살펴보며 실험을 계획했다. 대학원에서 맡게 된 프로젝트는 내가 졸업을 할지 못할지를 결정했다. 대부분의 시간 내가 작업했던 프로젝트는 나 혼자만의 것이었고 그것이 나의 박사 논문이었다. 존스홉킨스에서 대학원생들은 학문의 한계에 도전을 받고 의학 연구의 발전에 계속 공헌하도록 압력을 받는다. 실험실에서 오랜 시간을 혼자서 일하는 것은 흔한 일이었다. 생물의학 연구는 극도로 고립적이었다.

아내와 나는 중학교 때 만났지만 대학을 다닐 때가 돼서야 비로소 낭만적 관계를 찾게 되었다. 그녀는 나와 함께 지내기 위해 메릴랜드 주의 볼티모어로 이사했고 우리는 존스홉킨스에서 삼 년째 되었을 때 결혼했다. 우리는 어린 자녀들을 갖게 되었고 아내는 존스홉킨스에서 간호사로 하루에 12시간에서 14시간을 일했다. 그녀는 야간 근무를 많이 했기 때문에 주간은 놓치게 되고 나는 그녀를 전혀 만나지 못했다.

나는 어린 자녀들을 돌보는 부모들에게 큰 존경심을 갖고 있는데 그 일이 외로운 일일 수 있기 때문이다. 어린 자녀들이 있는 성인들은 다른 성인과의 교제, 대화 그리고 지적인 자극을 갈망한다. 내 아내는 계속 일을 했기 때문에 어린이집에서 그들을 데려온 후 내가 어린 아들과 딸의 주된 보호자였다. 낮에는 실험실에 혼자 있었고 저녁에는 어린 자녀들을 돌보며 혼자 있었다. 이로 인해 인터넷에 매우 쉽게 끌리게 되었고 디지털 세계는 나에게 다른 성인들과의 사회적 관계 형성을 허용해 주었다. 단지 버튼을 몇 번 클릭하는 것으로 〈워크래프트 2(Warcraft II)〉〈스타크래프트〉〈디아블로(Diablo)〉〈울티마 온라인〉 또는 〈애셔런스 콜 2(Asheron's Call 2)〉와 같은 비디오 게임을 통해 다른 사람들과 연결될 수 있었다. 사람들은 나의 캐릭터와 상대해 줬고 머드푸드라는 이름을 가진 사람은 나에게 안부를 묻기도 했다. 나는 혈육처럼 느껴지는 유대감, 동료의식, 친밀감을 느꼈다.

실험실에서 긴 시간을 보낸 후 많은 일이 나를 좌절시킬 때 나는 집에 와서 도망칠 수 있는 비디오 게임으로 뛰어들었다. 내가 어린아이였을 때와 유사하게 기본적인 정서적 필요를 채우고 즐겁게 하려고 비디오 게임들을 사용했다. 집이 조용해지고 지루해지기 시작하면 나는 MMORPG의 첫 세대에 속하는 〈울티마 온라인〉의 집단에 의지했다. 나의 〈울티마 온라인〉 팀은 게임이 진행되는 동안 함께 놀고 서로 사귀며 서로 지지를 해줄 수 있는 회원들로 구성되어 있었다. 그것은 놀라웠다. 나는 내가 팀원임을 느꼈다. 나는 소속감을 갖게 되었다. 나는 다른 성인들과 인터넷으로 수다를 떨고 대화할 수 있었기에 더 이상 혼자라고 느끼지 않았다. 어린 아들이 내 컴퓨터 옆에 있는 아기 침대에서 자고 있는 동안 나는 밤새도록 나를 즐겁게 해 주고 끼어 주며 상대해 줄 새로운 세계로 이동했다. 〈울티마 온라인〉의 디지털 세계로 몰입하는 것은 대학원생 일상의 지루함 그리고 어린 가족을 부양하는 스트레스에서 벗어날 수 있게 도와주었다. 비디오 게임은 나에게 집을 떠나도록 요구하지 않고 다른 사람들과의 사회적 교류를 촉진시켜 주었다.

인터넷은 세계 도처의 수백만 명의 사람들과 신속하게 접속할 수 있도록 해 준다. 〈월드 오브 워크래프트〉는 천백만 명 이상의 회원들을 갖고 있다고 추산된다. 〈세컨드 라이프〉의 세계는 그 게임에 적극적으로 참여하는 거의 천만 명의 사람들에 의한 천이백만 개의 계좌를 가진 것으로 추산된다. 다른 것들 가운데 이런 게임들은 호기심을 끌면서 동료의식과 우정을 제공해 준다. 예를 들면, 〈월드 오브 워크래프트〉 게임에서는 실제적인 감정들을 과장시킬 수 있다. 〈월드 오브 워크래프트〉의 아바타나 캐릭터인 툰은 인사하고 손짓하며 시시덕거리고 웃고 울며 컴퓨터 화면에서 무수한 다른 사회적 행위들을 연출한다. 만약 게이머가 어떤 사람을 사랑하거나 미워하거나 좋아한다면 캐릭터는 이런 감정들을 연기할 수 있다. 자신의 진정한 정체성을 툰과 같은 그들의 아바타와 결부시키는 게이머들이 있다.

사람들은 외로움을 느끼고, 그들과 연락할 어떤 공동체도 없이 단절되어 있는 현대의 바쁜 세상에서 그들이 관계를 형성하고 연결할 수 있는 사람들과 집단 속에 어울리고 싶은 욕구가 있다. 교제를 위한 욕구는 인터넷 게임과 다자 역할놀이로 쉽게 충족된다. 이것은 사용자가 디지털 세계의 디자인, 모양 그리고 느낌을 지시하는 〈세컨드 라이프〉라는 게임에서 명백하다. 사용자들은 주택, 섬 그리고 이국적인 장소들을 만든다. 이런 환상 게임에서 사람들은 그들의 인터넷 친구들과 이상적인 디지털 파트너들을 찾는다. 어떤 사람들은 그들의 실제 배우자가 집 안의 다른 방에 앉아 있는 가운데도 심지어 결혼을 하고 집을 사며 함께 자녀들을 갖는다.

이상하게 들리겠지만 다른 삶의 이런 형태는 당신이 생각할 수 있는 것보다 더욱 흔하다. 영화나 소설로 도피하는 것과 유사한 것이다. 나의 아내가 유튜브에서 〈세컨드 라이프〉를 게임하는 비디오를 보고 나서 호기심을 갖고 "와, 재미있어 보이네. 마치 TV 드라마 속에서 사는 것 같네."라고 말했다. 독자나 영화 관객처럼 사람들은 이야기 줄거리 속에 빠지지만 비디오 게임에서 게임 제작자들은 남자들과 여자들이 스스로 몰두할 수 있는 더 복잡하게 상호작용하는 세계를 만든다. 게이머들은 결코 끝나지 않는 이야기 속에서 주인공들이다. 그들은 헤어스타일, 머리카락과 피부의 색, 체형 그리고 그들이 가질 수 있기를 원하는 다른 특징들이 무엇이든지 선택하면서 그들의 이상적인 자기를 만든다. 이런 완벽한 아바타와 익명성이 제공하는 자신감으로 디지털 세계의 교제는 놀라울 정도로 흔하고 관계를 증진시키기가 쉬운 것이다.

실제 삶에서는 그런 면이 결여되어 있더라도 인터넷에서 카리스마와 자신감을 갖는 것은 쉽다. 하지만 인터넷에서 형성된 이런 관계와 친교는 매우 임시적이다. 그런 관계는 강하거나 안정적이지 않다. 그것은 한순간의 통보로 쉽게 사라질 수 있는 짧게 지속되는 관계다. 만약 다른 게이머가 게임에 지쳐 그만두겠다고 결정하면 관계는 즉각적으로 끝나고 만다. 만약 게임 회사가 게임을 끊는다면 가상 세계는 사라지고 만다. 이것은 중독된 게이머들에게 충격을 주고 당황하게 하고 결과적으로 수치심, 좌절감, 분노 그리고 우울을 가져온다.

게이머가 인터넷에서 쓰는 모든 시간은 실제 삶에서 신뢰할 수 있고 오래 지속되는 관계에 투자할 수 있었던 시간들이다. 이 게이머들은 그들의 우선순위를 현실 세계에서 디지털 세계로 옮긴 것이고 그 결과로 이들은 약한 기반에 관계를 형성하고 있는 것이다. 사람들은 그들이 디지털 세계에서 살고 있는 동안 디지털 세계에 몰두하며 고립되기 때문에 현실 세계에서의 관계들을 파괴하고 있다. 그들은 게임의 세계로 계속 다시 가는 것 외에 다른 선택이 없다고 느낀다. 그것은 악순환이다.

CHAPTER 07

도전에 대한 필요를 만족시키기

나의 아버지와 형은 둘 다 그들에게 심한 기분 변동을 일으키는 조울증으로 알려진 양극성 장애를 갖고 있다. 몇 달 동안 그들은 매우 홍분 상태이고 거의 잠을 자지 않는다. 그러고는 하루 종일 잠을 자며 이런 주기를 계속 반복하는 심한 우울증 상태로 떨어진다. 아버지와 형과 달리 나는 사고에 집중할 수 있다. 나는 양극성 장애가 발달하지 않았고 왕성한 힘과 열정을 갖고 성공적으로 과제들을 마칠 수 있었다. 내 경우에는 며칠 그리고 몇 주 동안 잠을 거의 극도로 자지 않고도 효과적이고 정력적으로 일을 할 수 있기 때문에 조증 상태—나를 의사로서 그리고 사업에서 성공할 수 있도록 해 준 자질—인 것 같다.

대학원을 다닐 때 잠을 거의 자지 않고도 기능할 수 있는 나의 능력은 내가 과도하고 중독적으로 게임을 할 수 있도록 부채질하는 데 도움을 주었던 것으로 드러났다. 내 아내는 나와 비교하면 어린애였다. 나는 강한 힘과 의지를 갖고 하루 종일 일하고 과제들을 끝냈고, 저녁 9시쯤 곯아떨어진다. 그렇게 네 시간이나 다섯 시간을 자고 난 후 잠이 깨어 다시 일할 준비를 한다. 한밤중에 하는 인터넷 게임은 나의 에너지를 디지털 세계에서 소모할 수 있도록 허용하면서 계속적인 자극과 도전을 제공했다.

어느 날 아침 나는 몇 시간을 자고 깨어 일어나 12시간 게임 과정을 따라가고 있었다. 나는 '블리자드(Blizzard)'의 인터넷 사이트(Battle.net)에 접속하면서 몸속으로 아드레날린이 솟구치는 것을 느꼈다. 심장이 뛰면서 〈워크래프트 3〉의 승부 게임을 하고 싶어졌다. 나는 순위 100등 이내의 게이머로 진출해 있었다. 다른 게이머와 대결을 했고 우리는 일대일의 전투가 벌어지는 임의의 장소로 이동했다. 승자는 순위가 올라가고 패자는 순위가 떨어질 것이다.

나는 재빨리 지도를 훑어보고 다른 게이머가 출발할 지점을 판단했다. 나는 내 지역을 조사하고 전투 계획을 준비했다. 공격할 전략을 계획하면서 건물을 세우고 부대를 정비하는 데 필요한 자원들인 금과 목재를 모을 인터넷 인부들을 지휘했다. 일꾼들이 자원을 더 빨리 모을수록 나는 상대편을 이길 수 있는 군대를 더 빨리 만들어 낼 수 있을 것이다.

내가 잠옷 옆 자락에 땀이 나는 손을 닦은 후 나무를 패는 농부를 클릭했더니 그는 "예, 저요, 주인님?" 하고 말했다. 나의 농부 일꾼의 반응에 놀라면서 강한 지배력을 느꼈다. 나는 인간 연합군의 군대 사령관이었다. 게임에 수천 시간을 쓰고 난 후 나는 내가 지배했던 디지털 캐릭터들에 대해 어떤 정서적 애착을 느꼈다. 나는 그들의 시각적이고 청각적인 반응에 즐거워졌다. 나는 나의 일꾼들을 지휘하고 세밀하게 관리했다. 나는 출발을 잘 했고 이 게임에서 내가 승리할 것이라는 자신감을 느꼈다.

일꾼들에게 농장을 짓고 부대를 위한 막사를 지을 자원들을 모으라고 명령하면서, 나는 안개 때문에 내 기지 주변 너머는 볼 수가 없었기 때문에 상대편이 무엇을 하고 있는지 몰랐다. 나는 계속 농장과 막사를 지으면서 조심스럽게 일꾼들에게 최적의 조건을 유지해 주었다. 나는 첫 번째 세 개의 보병 부대를 만들었다. 나는 적에게 어떻게 접근해서 공격할지 전략을 짜면서 보병으로 습격을 하는 것과 기마병으로 등급을 올리거나 가능하면 공군 부대를 만드는 것을 곰곰이 생각했다.

갑자기 나는 세 명의 매복한 적군의 보병들을 만났다. 그것은 3 대 3의 전투였다. 나의 적은 기습으로 유리한 상황을 가졌다. 적의 보병들은 한 명의 내 보병에게 공격을 집중했고 그를 빨리 죽였다. 이제 3 대 2의 전투가 되었다. 나는 내 농부들을 민병대로 무장시켜 규합했지만 나의 적은 더 강했고 곧 상대 보병들은 나의 보병들을 죽였다. 두 명의 적의 보병들이 지원군으로 도착했고 적의 군대가 나의 농부들을 전멸시키고 새로 지은 막사와 농장들을 파괴하면서 나의 민병대를 엉망으로 만들어 놓기 시작했다. 게임은 끝났다. 심장이 뛰고 있었다. 손바닥에서는 땀이 났다. 내 입술은 떨리고 있었다. 나는 좌절되었고 격분했다. 나는 패배했고 인터넷에서의 게임 순위는 떨어지고 말았다. 컴퓨터 화면에 욕설을 퍼부으면서 나는 흥분해서 또 다른 전투를 준비했다.

비디오 게임이 게임기와 컴퓨터에 처음 소개되었을 때 그 속에 입력된 인공지능 때문에 재미있었다. 그러나 오래된 게임들은 인터넷이 완전히 새롭고 매력적인 게임 환경—때때로 어떤 컴퓨터도 경쟁할 수 없는 인간의 생각이 다른 인간의 생각과 경쟁하도록 하는 환경—을 제공하면서 인기가 없어졌다. 비디오 게임에서 인간 게이머가 나의 상대라는 것을 알게 되면 나는 대결에서 불안해지고 흥분하고 긴장을 느끼게 된다. 인간 게이머에게 지면 분노, 좌절 그리고 심지어 우울이 유발된다. 다른 인간 게이머에게 승리를 얻는 것은 쾌감, 흥분 그리고 자아 상승감이 엄청나게 분출되게 한다. 비디오 게임 중독이 한창일 때 인터넷 게임에 저항할 수 없이 잡아끄는 것은 바로 다른 사람들과 노는 데서 생기는 도전이다.

내가 가장 좋아하는 게임 중 하나는 〈워크래프트 2〉다. 우리는 인터넷에 접속하는 컴퓨터 통신망으로 게이머들에게 세계 도처의 다른 사람들과 근거리 통신망 사용자들에서 대개 작동되는 게임들을 놀 수 있게 해 주는 '칼리'라는 프로그램을 사용했다. 이런 통신망 사용자들 속에서 사람들은 그들의 컴퓨터를 사람들의 집으로 가져가고 한 방에서 함께 게임을 한다. '칼리'를 사용함으로써 우리는 집을 떠나지 않고 수천 명의 다른 게이머들과 함께 놀면서 인터넷으로 우리의 컴퓨터들을 연계시킬 수 있다. 우리는 현실 세계로부터 완전한 고립 속에 있게 된다.

〈워크래프트 3〉은 전쟁 비디오 게임의 3회분이었고 다자간 인터넷 게임을 허용했다. 〈워크래프트 3〉은 나에게 엄청난 도전을 주었다. 내가 전에 수천 시간의 그 게임을 했지만 잘 실행된 세 명의 보병 습격으로 5분 이내 나를 이긴 내가 모르는 어떤 게이머를 그 게임은 받아들였다. 그 게임에 대한 기술과 노력이 있었지만 그렇게 짧은 시간에 그는 나를 공격하고 점령할 수 있는 세 명의 보병을 만들어 냈다.

나는 그 게임을 재생시켜 보면서 그 게이머가 나를 이긴 방법을 정확하게 알아냈다. 그러고는 내 게임을 개선시키기 위해 연습을 했다. 다음 번에 나는 나의 적을 패배시킬 수 있었고 나는 즉각 자아가 고조되고 아드레날린이 쇄도함을 경험했다. 게이머들은 순위가 올라가면서 전투 기술이 완벽해지고 새로운 전략을 재빠르게 구사하며 5분에서 10분의 시합이 더욱 빈번해지고, 쉽게 몇 시간으로 변하고 때때로 밤새 접전을 벌이기도 한다.

이런 게임들은 나에게 무한한 도전을 제공했다. 언제나 어떤 사람이 당신보다 잘할 수 있고 게임에서 더 뛰어난 기술을 갖고 있을 수 있다. 항상 등수를 매기고 점수가 비교되는 순위 체계와 집단이 있고 거기서 계속 자신에게 다른 사람을 이기도록 도전하며 더 많은 점수를 받아 게임에서 더 많이 진도가 나가고 그래서 더 높은 등수를 얻도록 자극한다. 이런 도전에 흥미를 느끼는 사람이면 게임의 세계 속에 끌려들 수 있다. 사람들은 성공하기를 원한다. 사람들은 테스트를 받아 보길 원한다. 사람들은 게임을 하면서 자신을 정신적으로 자극하고 전략의 혁신을 가져오게 한다. 많은 게이머는 인터넷 게임과 연결된 쾌감이 실제 삶의 다른 활동들과는 비교가 되지 않는다고 나에게 말했다.

나의 동료 중 하나는 미국 북동부에 있는 명문대의 공대를 갔다. 그의 사교 클럽에서는 학생들의 절반 이상이 하루에 대여섯 시간을 비디오 게임을 했다. 새로운 생각을 발달시키면서 이 학생들은 공대에서 다음 유망한 지도자들이 되기를 어떻게 기대하는지 서로 토론을 했다. 학생들은 비디오 게임을 그만두어야 하지만 게임들이 훨씬 재미있고 도전적이라고 제시했다. 그들은 게임을 하는 것을 계속했다. 2003년 인터넷 조사에 의하면 평균 대학생이 수업을 위해 공부하는 데 일주일에 단지 7시간에서 12시간을 쓰는 데 반해, 하루에 대여섯 시간을 게임하는 것이 일주일에 35시간 내지 42시간으로 연장되었다.[1)]

내가 대학을 다닐 때 일주일에 20시간 이상 공부하지는 않았다. 이것은 대단한 불균형이다. 하루에 대여섯 시간을 비디오 게임을 하는 데 쓰는 것은 더 나은 학업 성적을 받거나 창업을 하거나, 졸업 후 보다 경쟁력을 갖출 새로운 기술을 배우기 위해 선택한 분야에서의 발전에 사용될 수 있는 시간이다. 게임을 하는 데 일주일에 35시간 내지 42시간을 쓰는 것은 또 하나의 풀타임 직업을 갖는 것과 같다. 게임 회사들은 대학생들이 컴퓨터를 사면 공짜로 게임기를 주는 판매 전략을 쓴다. 게임 회사가 게임기를 얻게 해 주면 학생들은 회사의 인터넷 망을 쓰고 디지털 제품들과

1) Jones et al. "Let the Games Begin: Gaming Technology and Entertainment among College Students." *Pew Internet & American Life Project*. 2003.

게임기에 쓸 소프트웨어를 구입한다. 이런 게임 회사들은 사람들이 게임에 걸려드는 것을 알고 있다.

닉 이(Nick Yee)는 인터넷 조사를 통해 3천여 명의 다자간 인터넷 게이머들로부터 자료를 수집하여 인터넷 게임을 하는 데 세 가지 형태의 동기가 있다고 보고했다. ① 게임에서의 성취, ② 사회적 교제, ③ 가상 세계에의 몰입.[2] 또한 이의 연구는 인터넷 게임을 하는 특별한 동기들은 인터넷 게임을 하는 것에 기인한 부정적인 결과들과 연결된다고 밝혔다.

나는 내게 비디오 게임 금단 현상의 재발을 일으킨 〈월드 오브 워크래프트〉의 중독 가능성을 직접적으로 이해한다. 나는 2004년 일주일에 40시간에서 50시간을 병적으로 게임하던 것을 끊었다. 나는 안과 의사로서 나의 직업을 잘 수행했다. 3년 후 한 동료가 내 책상에 과거 유사한 게임을 하였고 중독 가능성을 알았기 때문에 내가 회피했던 게임인 〈월드 오브 워크래프트〉의 CD ROM을 놓아두었다. 나는 3년 이상 게임을 하지 않았기 때문에 스스로 게임을 하는 것을 조절할 수 있을 것이라고 생각했다. 하지만 내가 틀렸다.

밤에 한 시간이 어느새 두 시간이 되었고 그러고는 네 시간, 그러고는 밤샘으로 이어졌다. 나는 밤을 새워 게임을 하고 나서 항상 수치스러웠는데, 일하러 가는 나의 출근 시간이 지옥 같을 것이라는 것을 알기 때문이다. 밤새 놀고 운전을 하는 것은 끔찍한 일이다. 나는 스스로 운전대에 머리를 떨구고 있는 것을 알았고 잠이 들락 말락 하는 선잠을 자는 상태에서 심지어 환각을 일으키기도 했다. 때때로 나는 너무 피곤해서 내가 출근길을 계속 가기 전에 잠깐 눈을 붙일 수 있는 주유소나 주차장을 찾아

2) Yee N. "Motivations for Play in Online Games." *Cyberpsychol Behav* 2006; 9:772-775.

야 했다. 나는 약물중독이나 다른 행위 중독과 유사하게 예전에 중독자이면 항상 중독자라는 사실을 알았다. 알코올 중독자들은 사교적으로 술을 마실 수 없다. 마약 중독자들은 가끔 마약을 사용할 수 없다. 비디오 게임 중독자들은 게임하는 것을 조절할 수 없다. 나는 〈월드 오브 워크래프트〉에 일 년 동안 1400시간 이상을 써 버렸다.

중독자는 물질을 남용하기 시작할 때 중독이 정당화될 수 있도록 다른 사람들도 걸려들게 하려고 한다. 그래서 나는 아내에게 〈심즈〉를 소개했고 결국 내 자녀들도 나와 함께 〈월드 오브 워크래프트〉를 놀게 했다. 나는 가족들과 시간을 덜 보내고 나의 중독적 행위에 빠져 있다는 것을 알고 있었고 그래서 나는 노는 시간을 조절하려고 했으며 자녀들과 노는 시간을 질적으로 의미 있는 시간으로 정당화했다. 나는 나 자신에게 거짓말을 하고 있었다. 나는 너무 많이 놀았다. 나는 내 아이들이 내가 놀기를 원하는 식으로 놀지 않을 때 화가 났고, 아이들에게 돈을 경작하는 것으로 알려진 과정인 가상 황금을 만들 수 있도록 게임에서 자원을 모으라고 격려했다. 그래서 내가 스스로 황금을 경작하지 않아도 되게 나는 심지어 가상 황금에 대해 100불을 지불하기도 했다. 나는 내 아바타의 갑옷과 무기를 업그레이드해 주기 위해 가상 황금이 필요했다.

어느 날 아들과 게임을 하면서 아들에게 "네가 〈월드 오브 워크래프트〉를 해도 되지만, 지도의 이 지역에서만 네가 했으면 좋겠어. 네가 하는 것은 구리 광석이 보이면 그것을 모으는 거야. 더 좋은 무기와 갑옷을 사기 위한 금화로 바꾸기 위해 우리는 경매장에서 구리를 팔 필요가 있어."라고 말했다. "네, 아빠. 알았어요."라고 아들은 신나서 말했다. 30분이 지났다. "너 무얼 하고 있는 거야?!"라고 나는 아들에게 소리를 질렀다. "거기가 구리 원광이 가장 많은 데니까 내가 이 지역에만 있으라고 했잖

아. 나는 너한테 탐험해 보라고 허락해 주지 않았어! 너는 명령을 따를 수가 없는 거야? 내가 항상 너를 감시해야 하니? 명령을 따를 수가 없으면 이놈의 게임에서 너는 당장 그만둬!" "네, 아빠." 아들의 두 눈엔 눈물이 고였다.

상업적 모델은 게이머들의 획득, 게이머들의 보유 그리고 매달 사용료의 발생에 의존하기 때문에 〈월드 오브 워크래프트〉와 같은 게임들은 중독이 될 수 있도록 고안되었다. 〈월드 오브 워크래프트〉는 연간 수입이 거의 120억 불이나 되는 것으로 추산된다. 이런 형태의 수입을 만들어 내기 위해 MMORPG는 성취감, 사회적 교제 그리고 가상 세계의 몰입을 제공해 준다. 게이머들은 게임에서 도전을 완수할 때 성취에 대해 상을 받게 된다. 게이머들은 자신이 디지털 세계의 일원이라고 느낄 때 몰입감이 생긴다. 비디오 게임을 전에 해 본 적이 없던 내 친구는 〈월드 오브 워크래프트〉에 빠지게 되었다. 나는 의사 친구인 제이슨이 나와 놀도록 회원가입을 시켰다. 게임에서 내가 애완동물을 길들이는 그의 사냥꾼을 도와준 후 나는 제이슨의 흥분한 목소리가 생각난다. 그는 게임에서의 도전과 애완동물을 얻는 능력을 좋아했다. 제이슨은 2년간 내가 했던 것보다 더 많이 게임을 했다. 지금까지도 제이슨의 아내는 내가 그 게임을 언급하면 몸을 움츠린다.

비디오 게임 중독은 오늘날 청소년과 성인들에게 급격히 증가하는 바이러스와 같은 문제다. 도전에 대한 그들의 필요는 학교, 집 그리고 현실의 삶에서 평범한 방식으로 충족되지를 않기에 대신 그들은 지적으로 자극하는 비디오 게임에 의존한다. 결과적으로 그들은 무엇이 중요한지에 대한 판단을 잃어버리고 만다. 과도하게 게임을 하는 게이머들은 그들의 미래를 위험에 빠뜨리고 있는 것이다.

CHAPTER 08

리더가 되려는 욕구 만족시키기

빨간 망토와 철갑 옷을 걸친 우리 팀은 〈울티마 온라인〉 서버를 인수하여 지배하려고 결정했다. 이것은 〈울티마 온라인〉의 광적인 팬들 중 제한된 수에게 부여한 시험판이었다. 우리는 50명이 넘는 강한 팀이었고 〈워크래프트 2〉에서 함께 게임을 해 본 적이 있었다. 우리 팀은 강한 힘을 얻기 위해 갑옷과 무기가 필요했다. 〈울티마 온라인〉의 디지털 세계에서 팀을 무장하는 가장 빠른 방법은 각 팀원에게 역할을 위임하는 것이다. 나는 리더를 지정했고 팀의 자원을 맡겼다.

팀의 갑옷과 무기를 만들기 위해 팀은 장인 수준의 대장장이가 필요했다. 나는 전문가 수준의 대장장이의 기술을 터득하기로 마음먹고 작업 기술을 연마하는 데 40시간 이상을 썼다. 그러나 이런 자격을 얻기 위해서는 많은 광석이 필요했다. 나는 먼 산에서 채굴한 광석을 옮길 기차를 도시에서 준비했다. 광석을 운반하는 것을 최대치로 올리려고 수십 개의 아바타들에게 불필요한 중량을 줄이고 단지 가상 속옷만 입게 했다. 인간에 의해 조정되는 속옷만 입은 결연한 아바타들이 도시에서 산에 있는 광산까지 걷고 다시 오는 순례 여정이 있었다.

갑자기 우리 일꾼들이 경쟁 팀의 공격을 받았다. 팀의 채팅 창에는 욕설이 깔리고 도움을 요청하고 있었다. 팀 전체가 바짝 긴장하고 정비하고 공격하기 위한 긴급 상황을 공유했다. 우리가 매복지에 도착했을 때 범행을 저지른 일당은 도망치고 발견되지 않았다. 우리 팀원들이 운반하던 모든 광석은 도난을 당하고 말았다.

우리는 광석 운반 열차를 지키기 위해 수비대를 모았다. 대장장이인 나와 협력해 낸 광석 열차 수비대의 상호작용은 작은 공적이 아니었다. 우리 팀은 같은 시간에 접속해야 했고 밤새 게임을 해야 했다. 광석을 주물로 녹이고 주물을 갑옷과 무기로 만든 후 나는 모든 팀원을 철갑옷과 무기로 무장시킬 수 있었다. 우리는 도시 밖으로 나가 우리 옆에 다니는 누구든지 지배하기 위해 우리의 힘과 군대를 사용했고 우리의 희생자들을 죽이기 위해 번개 같은 마법을 걸고 소지품들을 빼앗았다. 우리는 엄청난 권력과 재물을 얻었고 서버의 지배권을 얻기 위해 경쟁 팀과 대규모 전투를 했다. 우리 팀은 가상 재물로 가상 성채와 특별한 물건들을 구입했다. 우리의 리더십 기술은 〈울티마 온라인〉의 디지털 세계에서 도움이 되는 것으로 증명되었다. 〈울티마 온라인〉의 MMORPG는 놀라운 쾌감을 주었는데 리더십, 지배 그리고 권력의 만족을 경험하게 하면서 나에게 다른 사람들과 환상을 연출할 수 있게 해 주었다.

인터넷 게임은 사람들에게 리더가 될 수 있는 권한을 부여하면서 사람들이 사회적 집단과 팀을 조직하도록 해 준다. 〈월드 오브 워크래프트〉 게임에서는 게이머들이 동굴을 통과하는 모험을 계획하면서 5명의 집단의 리더가 되거나 고급 수준의 동굴을 소탕하는 과제를 맡은 훨씬 큰 기습조의 리더가 될 수 있다. 그들은 수백 명을 관리하는 팀의 지배자가 되거나 부지배자가 될 수 있다. 이것은 흥미로운 역동성을 허용한다. 게임은 게이머들이 갈망할 수 있는 지휘권의 상하 관계가 있는 현실의 삶을 흉내 낸다. 어떤 사람들에게 이것은 도피처를 제공해 준다. 다른 사람들에게 그것은 성취감을 준다. 이런 이유 때문에 많은 게이머는 계속 게임을 하도록 압박감을 느낀다. 어떤 사람들은 지배적인 욕구가 엄청나게 강하다.

나는 자연스럽게 리더로 태어났다. 나는 카리스마, 추진력 그리고 다른 사람들을 나의 동기에 합류하도록 영향을 주는 능력을 갖고 있다. 9학년 때 나는 반에서 부반장에 출마했고 나의 친구인 매트는 반장에 출마했다. 나는 선거 벽보를 만들 지원단을 선발했고 나를 지원할 수 있는 인기 있는 운동선수들을 뽑았다. 우리는 가능한 모든 공간에 "앤디 도안에게 표를 던져라!"는 선거 구호가 실린 벽보를 붙였다. 나는 압도적인 표 차이로 선거를 이겼다.

모든 사람이 리더가 되려는 똑같은 욕구를 갖고 있지 않지만 여러 다른 수준—집, 공동체, 사업체 그리고 세계 도처—에서 우리 모두는 리더가 되도록 부름을 받는다. 그러나 현실의 삶이 리더십의 기회를 주지 않을 때 천성적인 리더는 좌절감과 불만을 느낄 수 있다. 디지털 세계에 의지할 때 우리는 팀과 동료들 속에서 리더십의 기회를 경험하게 된다.

많은 게이머가 MMORPG에 열중하는 까닭은 부여된 과제들을 완수하고 이런 과제들을 성취하도록 팀을 위해 시간을 써야 하는 동료 압력이 있기 때문이다. 비디오 게임에 중독된 사람들에게 가상 세계 속에서 보낸 시간은 학교 또는 직장에서의 성취, 현실 세계의 관계 그리고 건강에 엄청난 비용을 치르게 한다.

한 게이머는 몇 시간째 계속되는 그녀의 팀이 수행하고 있는 습격을 마치기 위해 담석과 요도에서의 출혈로 인한 고통을 무시했다. 공격을 마치자마자 그녀는 결국 밤늦게 혼자 병원으로 운전하고 갔다. 또 다른 게이머는 큰 소프트웨어 회사에서 고액 연봉을 받는 임원으로서의 자신의 직업에도 불구하고 〈월드 오브 워크래프트〉를 매일 적어도 다섯 시간 했다. 1월 1일에도 그는 〈월드 오브 워크래프트〉를 18시간 이상 했다. 다음 날 그의 아내가 그가 왜 침대로 오지 않았는지를 알아보려 아래층에 내려

갔지만 그가 책상에 앉아 죽어 있는 것을 보았다. 〈월드 오브 워크래프트〉가 여전히 켜져 있었다. 부검을 통해 그가 심한 폐 색전증으로, 즉 폐까지 흘러가는 폐의 혈액 순환이 막혀서 다리에 혈액 응고가 생겨 죽었다는 것이 밝혀졌다. 그는 폐 색전증을 일으킬 수 있는 의학적 문제를 알지 못했다. 신정 전날 음주로 인한 탈수 증세와 18시간 이상 비디오 게임을 하면서 계속 앉아 있는 자세가 합쳐져 치명적인 결합이 되었을 것이다.

수만 명의 여성들은 〈월드 오브 워크래프트〉 과부들 사이트에서 컴퓨터 앞에서 매주 25시간 내지 35시간을 게임에 빠진 그녀들의 남편들에 대해 불평하고 있다. 나의 친구인 한 결혼상담사는 과도하게 비디오 게임을 하는 것이 부부 갈등에서 증가하는 문제라고 말한다. 아내들은 컴퓨터가 남편들로부터 가장 큰 관심을 받기 때문에 자신들이 키보드와 마우스이기를 원한다. 그녀들은 힘과 리더십에 대한 남편들의 욕구와 경쟁할 수가 없다.

현실의 삶에서 어떤 게이머들은 직장, 학교, 심지어 집에서도 성공적인 리더가 되기 위한 기술을 적절히 결합시키지 못했다. 그러나 인터넷 게임은 그들이 갈망하는 권력과 리더십의 감정을 제공해 줄 수 있다. 이 게이머들은 군대를 소집하고, 정복하기 위해 군대에게 명령함으로써 국가를 능가할 수 있다고 느낀다. 인터넷 게임을 하면서 권력, 우월성 그리고 지배력의 풍부한 기회가 생긴다.

다른 사람들과 인터넷 게임을 하는 것은 즐거움, 매력 그리고 비디오 게임에 대한 중독 가능성을 증가시킨다. 〈울티마 온라인〉과 〈월드 오브 워크래프트〉와 같은 MMORPG를 하면서 나는 디지털 세계의 전쟁에서 군대를 지휘하는 활력과 권력을 경험할 수 있었다. 이런 역할놀이 게임에서 실제 사람들이 다른 실제 사람들과 상호작용을 하는 것은 공동의 목적을 위한 대단한 공동체 의식과 투쟁심을 준다. 게이머들은 리더가 되려는 그들의 욕구를 충족시키면서 그들의 팀을 승리로 이끌 수 있을 것이다. 리더십 경험이 디지털 세계에서가 유일하다고 하더라도 몰입적인 게임을 하는 사람에게는 마치 자기가 현실의 삶을 살고 있는 것과 같은 것을 느낀다. 비디오 게임은 사람들에게 그들이 중요하다고 느끼게 해 주는데 그들이 되기를 원하는 리더가 실제로 될 수 있게 해 준다.

CHAPTER 09

성적 환상을 충족시키기

2007년 『월스트리트 저널』의 「이 남자는 자기 아내에게 부정행위를 하고 있는 것인가?(Is This Man Cheating on His Wife?)」란 기사에서 알렉산드라 얼터(Alexandra Alter) 기자는 그의 아내 수가 옆방에서 TV를 보는 동안 하루에 10시간 이상 컴퓨터 앞에 앉아 있는 53세의 남성인 릭 후게스트라트의 이야기를 들려주었다.[1] 릭은 인터넷에서 키가 크고 날씬한 빨간 머리를 가진 아바타와 채팅을 했다. 〈세컨드 라이프〉라고 알려진 비디오 게임에서 그는 뒤에서 묶어 길게 늘어뜨린 회색 머리 모양에 굵은 구레나룻과 희끗희끗한 팔자수염을 가진 건장한 남성으로 자신의 더 젊은 모습과 닮은 아바타를 조정했다. 릭의 실제 모습은 만성 질환을 앓고 있고 수술을 해야 했다. 그러나 게임에서 릭의 디지털 모습은 젊고 활기차며 릭이 신체적 한계로 인해 실제 삶에서는 더 이상 할 수 없었던 일들을 할 수 있었다. 빨간 머리의 아바타는 두 아이를 가진 이혼한 여성인 38세의 자넷 스필먼에게 조종되었다.

디지털 세계에서 이런 형태의 관계는 흔하게 발생한다. 사람들은 그들의 이상적인 디지털 파트너와 짝을 짓고 실제 배우자는 버림을 받고 만다. 혼자 앉아서 릭의 아내는 "기본적으로 상대편은 과부가 되었어요. 이

1) Alter, Alexandra. "Is This Man Cheating on His Wife?" Wall Street Journal Online. August 10, 2007. http://online.wsj.com/public/article/sb118670164592393622.html. Accessed August 26, 2011.

런 다른 삶(〈세컨드 라이프〉)은 너무 놀라워요. 실제 삶보다 나아요. 누구도 뚱뚱해지지 않고 누구도 늙지 않아요. 남겨진 사람은 그것과 경쟁할 수가 없어요."라고 말했다.

〈세컨드 라이프〉를 조사해 보기 위해 나는 게임에서 아바타를 만들었다. 나는 게임에 들어가 돌아다녔는데 내가 알아낸 첫 번째 사실은 〈세컨드 라이프〉의 디지털 세계가 매우 사교적인 환경이라는 것이었다. 사람들은 그들의 아바타로 채팅을 하고 관계를 형성하고 있었다. 거의 모든 아바타가 완벽하고 아름답게 보였다. 여성들은 아름다운 곡선형의 신체와 디지털로 완벽하고 매력적인 모습을 갖추어 보여 주고 있었다. 남성들은 근육질이고 디지털로 잘생긴 모습을 보여 주었다. 〈세컨드 라이프〉의 아바타와 정서적으로 연결되는 것은 나에게 매우 쉽게 보였다. 나는 게임에서 이성교제와 음란물의 제의가 폭넓게 이루어지고 있다는 것을 금세 알아차렸다. 게임에서 홍등가로 걸어가면 나는 가상의 수행원, 스트립 바 그리고 가상 섹스를 경험하기 위한 성기 부착물로 둘러싸인 나 자신을 보게 된다.

비디오 게임에서 섹스와 음란물의 결합은 폭발적인 성장의 가능성을 갖고 있고 이미 그렇게 되었다는 것을 증명했다. 〈세컨드 라이프〉에서 천이백만 개 이상의 계좌가 있다고 보고되었고 그중 절반 이상은 적극적인 게이머들이다. 게임에서 가상적인 수행원 서비스를 제공하므로 실제 돈을 상당히 버는 사람들이 있었고 일부는 십만 불의 수입을 올리고 있었다.[2] 낮에는 어떤 여성이 아이의 엄마이거나 변호사일 수 있고 또는 다른

2) CBS News. "The Steamier Side of Second Life." Youtube. 2008. http://www.youtube.com/watch?v=rum13magkvc. Accessed August 27, 2011.

전문직일 수도 있다. 그러나 밤에는 그녀가 어떤 남성과 가상 섹스를 하면서 한 시간에 20불을 청구하는 아바타 뒤의 목소리일 것이다. 격자 회로 속에 사는 것으로 알려진 게임의 세계에서 살면서 사람들은 그들의 아바타가 서로 가상 섹스를 할 수 있도록 생식기와 섹스 베드를 산다. 〈세컨드 라이프〉의 디지털 세계에서 사람들은 가상 섹스 경험을 위해 실제 돈을 쓴다.

전화 섹스를 위한 분당 요금이 85센트 정도로 낮을 수 있지만 한 시간 전화 요금은 50불이 넘게 든다. 그러나 수행원이 한 시간에 단지 20불을 부과하는 〈세컨드 라이프〉의 가상 세계에서는 게이머가 덜 비싼 가격에 더 매력적인 가상 섹스를 하면서 청각적 자극을 얻을 뿐 아니라 시각적 자극도 얻는다.

과도하게 비디오 게임을 하는 것은 게이머들이 실제 삶의 배우자나 파트너와 건강한 관계와 성생활을 꾸려 갈 여지를 거의 남겨 놓지 않고 관계들과 결혼 생활을 방해한다. 비디오 게임이 이혼 사유로 언급되는 일이 증가하고 있다. 예를 들면, 영국에서 '불합리한 행위'로 언급한 이혼 서류의 15%가 과도하게 비디오 게임을 하는 것에 기인한다고 보고되었다.[3] 게임 중독이 결혼 생활의 파탄을 초래하는 유일한 요소일 리가 없다고 보는 논란이 있다. 반대로 과도하게 비디오 게임을 하는 것은 실제 삶의 결혼 문제로부터 도피하기 위한 심리 기제일 수 있다는 주장도 있다. 중독 행위는 이 책에서 논의된 도전을 위한 필요, 자아 추구 행위

3) Gamepolitics.com. "Eurogamer Digs into Divorce Online Video Game Claims." May 31, 2011. http://www.gamepolitics.com/2011/05/31/eurogamer-digs-divorce-online-video-game-claims. Accessed June 21, 2011.

그리고 성적 욕구에 추가하여 교제의 욕구와 같은 근본 원인들의 표명일 수 있다.

컴퓨터 그래픽이 개선되면서 게임에서의 그림들이 보다 사실처럼 보이기 시작했다. 미래의 기술은 3D 이미지, 서라운드 음향, 의복 장비, 촉각 자극을 경험할 수 있는 능력을 제공하여 게이머들이 디지털 세계에 완전히 몰입할 수 있게 해 준다. 게임들이 더 좋은 그래픽을 개발하면서 포르노 영화의 주인공과 같은 게이머들과 함께 노골적인 음란물로 바뀔 수 있다.

〈세컨드 라이프〉에서 디지털 파트너는 항상 준비되어 있고 자발적이며 그리고 능력이 있다. 디지털 파트너들은 일단 접속을 했다면 놀 준비가 되어 있기 때문에 핑계를 대지 않고 거의 피곤하지도 않다. 게임을 통해 사실적인 성적 환상을 연출하는 사람들이 있지만 이것은 유일하게 즐겁게 해 주는 비디오 게임의 환경으로 추정된다. 게이머들은 그것은 사실이 아니고 이런 방식으로 인터넷에서 다른 캐릭터들과 연결되는 것은 잘못된 것이 없다고 스스로 말할 것이다. 그러나 인정하든 그렇지 않든 이 게이머들은 그들의 아바타를 통해서 서로 정서적 연결을 맺고 있고 실제 삶의 관계를 위한 더 적은 여지를 남기고 있는 것이다. 내가 결코 인터넷에서 낭만적인 관계를 발전시키지 않더라도 나를 포함해서 내 팀의 남성들은 집단에서 여성의 목소리를 들으면서 흥분을 느낄 수 있다. 그녀의 목소리에 기초하여 나를 이상하게 흥분시키면서 그녀가 어떻게 생겼을지 상상할 것이다.

〈세컨드 라이프〉를 떠난 사람들은 게임에서 성적 타락, 성적 일탈의 환상 그리고 때때로 사람들이 그들의 자존감에 상처를 주고 정서적으로 그들에게 심하게 상처를 주는 방식을 지적했다. 교제를 원하는 사람들에게 사실적인 그래픽과 상호작용할 수 있는 디지털 세계는 인터넷에서 사랑의 감정을 촉진시켰다.

한 게이머는 〈세컨드 라이프〉에서 그녀가 경험한 것을 이렇게 설명했다. "나는 심지어 거기 존재하는 심한 비행의 수준까지는 건드리지 않았어요. 그러니까 내 말은 아주 겁나는 일 그리고 사람들이 성폭행 시나리오에 적극적으로 참여하는 일, 가학과 피학 성행위, 복종과 지배, 스트립쇼, 성매매, 노예 행위는 심각한 현실 삶의 문제들을 갖고 있을 수 있어요. 〈세컨드 라이프〉에서는 당신이 얼마나 오래 빠질 수 있는지에 제약이 없어요. 사실상 그것은 이런 종류의 활동 기준이나 온상이 되었어요. 나는 거의 매일 하는데 그중 어떤 것은 너무 부적절해서 실제 삶에서 불편하고 더럽다고 느껴져요. 나는 남성들이 여성들인 체하고 여성들이 남성들인 체하는 것도 알아냈어요. 내가 앞에서 말한 것처럼 거짓말이 난무하고, 가장 나쁜 것은 당신은 사실적인 인간의 감정을 실제로 투입시킨다는 것이지요."

섹스는 많은 목적—쾌락, 정서적이고 신체적인 연결을 위한 능력 그리고 물론 자녀를 갖는 것—을 갖고 있다. 어떤 커플에게 자녀를 갖는 것은 가능하지 않고 그들의 목적과 평생 꿈꾸던 것들에 큰 타격을 주는 것이다. 가상 세계에서 자녀를 가질 수 없는 커플들이나 자녀를 가질 수 있는 나이가 지난 커플들은 가상 임신을 할 수 있는 표를 구매할 수 있고, 거기서 그들은 그들의 아바타가 임신을 하고 태내기를 거쳐 가상 출산을 하게 되는 것을 볼 수 있다. 사람들은 한 아이, 쌍둥이, 삼둥이와 같은 임신의 유형을 정한다. 그들은 또한 그들의 새 아기의 머리색, 눈의 색 그리고 신체적 특성을 정한다. 디지털 세계에서 사람들은 그들의 완벽한 디지털 아기를 가질 수 있다.

유튜브의 ‘세컨드 라이프 출산’을 검색하면 사람들이 그들의 가상 출산 경험을 공유하는 많은 동영상을 볼 수 있다. 이런 동영상을 보면서 나는 〈세컨드 라이프〉의 디지털 세계의 유혹을 볼 수 있었다. 사람들은 그들의 환상대로 살고 있다. 그들은 TV 연속극을 보는 대신 그것을 살고 있는 것이다.

CHAPTER 10

사랑과 인정의 욕구를 충족시키기

여러 달 동안 제니퍼는 그녀의 가족과 친구들로부터 멀어져 있었다. 그녀는 교제를 중단하고 있었고 심지어 남편과도 친밀한 관계를 중단했다. 대신 그녀는 〈세컨드 라이프〉에서 그녀의 아바타에 시간, 감정 그리고 에너지를 쏟아붓고 있었다. 그녀는 다른 페르소나를 움직이고 쓸 수 있고 받아들여지기 때문에 게임에 빠졌다. 그녀는 특히 한 캐릭터와 상호작용을 시작했다. 순진한 장난으로 시작했던 것이 심야 채팅, 이메일 그리고 전화 통화를 포함한 인터넷 관계로 발전되었다. 제니퍼는 심지어 자신의 인터넷 애인이 다른 여성 아바타와 대화를 할 때 질투를 했다. 그녀는 자신의 현재 삶의 남편과 헤어져 이혼을 하고 인터넷의 파트너와 함께 사는 것을 상상하며 시간을 보냈다. 제니퍼는 디지털 세계에서 사랑을 받고 인정을 받는다고 느꼈다. 그녀는 〈세컨드 라이프〉의 디지털 세계에서 그녀가 되고 싶었던 사람이 될 수 있었다. 그녀는 게임의 세계에 완전히 사로잡혔고 게임이 그녀가 느끼는 방식을 만들어 주었다. 〈세컨드 라이프〉가 그녀를 삼켜 버린 것이다.

결국 제니퍼는 자신이 모든 현실 관계를 무시하고 대부분을 잃고 말았다는 것을 깨달았을 때 망연자실하고 말았다. 그리고 그렇게 환상의 세계에 빠져 있었고 자신의 결혼 생활을 잃어버릴 위기에 처했다는 사실을 깨달았을 때는 제정신이 아니었다. 제니퍼는 게임을 덜 하기 시작했지만 곧 신체적 금단 증상과 우울증을 경험했다. 그녀는 다시 현실 세계 속으로 들어가 자신을 재조정해 보려고 했고 현실의 결혼 생활을 고쳐 보려 했다. 그녀는 자신이 무시함으로써 발생한 갈등을 겪는 모든 관계를 고쳐 보려고 했다. 과거를 돌이켜 보면서 제니퍼는 자신의 게임 습관이 시간, 자원 그리고 현실 삶의 기회를 얼마나 엄청나게 소모했는지를 알았다.

익명의 인터넷 게이머 사이트인 www.olganon.org의 공개토론장에는 가상 세계에 살면서 사랑과 인정을 구하는 남성과 여성의 수백 개의 비슷한 이야기들이 올라가 있고 거기서 그들은 자신들이 실제 관계의 일부라고 느끼고 있다. 내 교회의 결혼 멘토로서 그리고 비디오 게임 중독이 심했을 때 나의 결혼 생활의 문제들과 함께, 나는 현실의 결혼 생활이 어려울 수 있다는 것을 직접적으로 알고 있다. 결혼 생활을 강하게 만들기 위해서는 노력과 헌신이 필요하다. 그러나 가상 세계에서 그것은 쉽다. 사람들은 자신을 완벽하게 만들기 위해 이상적인 신체적 특성들을 고를 수 있다. 그들은 자신의 완벽한 직업을 정하고 어떤 문제나 도전이 없이 본질적으로 그들의 꿈꾸는 세계와 꿈꾸는 관계를 갖는다. 이런 과정은 파괴적인데 그것은 단지 디지털 환상이기 때문이다.

친구들과 가족들로부터 이사해 온 신혼 부부인 데릭과 말리아를 알아보자. 그들은 새로 이사 온 마을에 아는 사람이 거의 없다. 말리아는 데릭에게 친구들과 놀기 위해 인터넷에 접속해도 좋다고 말하는 자신을 보게 되었다. 그는 몇 년 동안 비디오 게임을 했고 그녀는 남편을 사랑했고 그가 행복하기를 원했다. 외로움을 느끼면서 그녀는 게임 사이트에 가입하여 매일 밤 몇 시간 동안 게임에 빠졌고 계속해서 남편과 〈월드 오브 워크래프트〉를 했다

말리아는 게임에 중독되었고 일과 현실 삶의 책임거리들을 뒷전으로 놓기 시작했다. 그녀는 디지털 세계에서 남편과 함께 시간을 쓰기 위해 게임을 했지만 게임에 쓴 시간은 그들의 관계를 형성할 질적인 시간이 아

니라는 것을 깨닫게 되었다. 디지털 세계로 실제 끌어들인 것은 함께하는 시간이 아니고 게임 그 자체일 뿐이었다. 그녀는 그들이 중독자가 될까 봐 걱정했고 그래서 말리아는 하루에 한 시간까지 게임을 하는 것으로 자신을 제한시키기로 결정했다. 남편과 인터넷 친구들은 노는 시간을 줄이지 않았고 그녀는 게임에서 천천히 뒤처지기 시작했으며 곧 그녀는 함께 게임을 하는 것을 그만두었다. 그녀의 남편이 그녀가 게임을 그만둔 이후에도 6개월 동안이나 더 게임을 과도하게 계속할 때 그녀는 그것이 완전한 중독이라는 것을 알았다. 그는 그것에 사로잡혀 있었다. 그는 게임을 하지 않을 때도 게임에 대해 생각했다. 그는 매일 밤늦게까지 게임을 했고 때때로 밤새도록 게임을 했다.

말리아는 데릭에 맞서 그에게 그의 삶의 중요한 것들을 소홀히 하고 있다고 말했다. 데릭은 인터넷에서 친구들과 게임을 하는 것은 다른 친구들이 어울려 볼링을 하거나 운동경기를 보는 것과 똑같은 식으로 건강하고 정당한 것이라고 주장했다. 그녀는 그가 자신의 중독 행위를 합리화시키려 하고 있다고 인식했다. 그것은 남편의 삶에서 큰 재앙이었고 그들의 결혼 생활까지 망치고 있었다. 비디오 게임을 남편과 함께 함으로써 그녀는 남편에게서 사랑과 인정을 추구하면서 관계를 발달시키길 원했고 처음에는 효과가 있었다. 끝에 가서는 함께 게임을 하는 것이 그들의 결혼 생활을 파괴하고 있었다. 말리아는 새로운 동네에서 자신은 남편에게 무시당한 채 혼자라는 것을 알았다.

애정과 전적인 인정의 욕구는 많은 사람을 디지털 세계의 비디오 게임으로 몰고 간다. 예를 들면, 만약 어떤 사람이 어떤 집단에 필요한 바람직한 기술들을 갖고 게임에 들어가면 그것들은 즉각 요구되고 받아들여진다. 현실 세계에서는 그들은 힘든 날을 보내고 고맙게 여겨지거나 인정을 받는다는 느낌을 얻지 못했을 수 있다. 그러나 게임에 접속하면 몇 분 안에 그들은 집단에 안내를 받고 사랑받고 필요로 되며 그리고 받아들여지는 느낌을 갖는다. 그것이 사회적 관계 형성이든 인터넷 게임이든 이것이 인터넷 강박 행위로 이끌 가능성이 있는 것이다. 실제 삶에서 사람들은 자신의 용모나 성격에 대해 거의 칭찬을 듣지 못할 것이다. 그러나 페이스북, 유사한 SNS 또는 인터넷 게임에서는 사람들은 수천 명이 아니더라도, 그들이 있는 그대로 생긴 대로 행동하는 대로 좋아해 줄 수 있는 수백 명의 사람들과 연결된다. 인터넷에서 사람들은 날마다 받아들여지고 인정받으며 그리고 사랑받는다고 느낄 수 있다.

가상 환경에서의 자기 표현과 사회적 상호작용의 전문가인 닉 이가 수행한 3천 명의 게이머에 대한 연구에서는 인터넷 게임을 하는 거의 40%의 남성들과 53%의 여성들이 그들의 가상 친구들이 현실 삶의 친구들과 동등하거나 또는 더 낫다고 말했다. 2006년 발행된 MIT 학술지의 조사에 의하면 게이머들의 1/4 이상이 지난 주의 정서적 최고조는 컴퓨터 세계에서 일어났다고 말했다.[1)]

2011년 미국 인구 조사에 따르면 미국인들의 대다수는 인터넷을 사용한다.[2)] 18세에서 29세의 거의 모든 청년(95%)은 인터넷을 사용한다. 30세에서 49세까지의 미국인들은 10명 중에서 9명 정도(87%)가 인터넷을 쓰고, 50세에서 64세까지의 미국인들은 10명 중에서 8명 정도(78%)가 인터넷을 사용한다. 심지어 65세 이상도 10명 중에서 4명 정도(42%)가 인터넷을 사용한다. 인구 조사의 자료는 인터넷 사용자들의 2/3 정도(61%)가 사

1) Alter, Alexandra. "Is This Man Cheating on His Wife?" The Wall Street Journal. August 10, 2007. http://online.wsj.com/article/sb118670164592393622.html. Accessed August 27, 2011.

2) U.S. Census Bureau. Statistical Abstract of the United States. 2011.

회적 네트워킹 사이트를 사용한다고 알려 준다.

아마 사랑과 인정의 욕구는 사람들로 하여금 페이스북과 같은 SNS의 사용에 강박적이 되도록 몰고 간다. 페이스북은 컴퓨터, 이동 기기 그리고 휴대폰을 통해 어디에서나 사용할 수 있다. 그것은 한 개인이 축적한 친구의 수 그리고 인터넷 동료 찬성을 표시하는 장치로서 '좋아요'의 수로 높은 점수가 계산되는 사회적 게임처럼 보일 수 있다.

나는 사람들 특히 SNS를 쓸 때 중독 행위를 보이는 청소년들을 만나 왔다. 호르몬이 증가하고 친구의 의견이 자존감에서 중요한 역할을 하는 청소년기에 접어든 12세 스칼렛을 생각해 보자. 스칼렛은 그녀의 친구들이 그녀의 게시물에 '좋아요'를 주고 그녀의 사진들에 긍정적으로 반응해 줄 때 인정받는 느낌을 경험했다. 나는 그녀가 페이스북에서의 사건들을 이야기할 때 그녀의 눈에서 기쁨과 흥분을 보았다. 그녀는 친구의 액정 화면에서 청소년 드라마가 진행되는 것을 설명하듯이 그리고 그녀의 친구들 특히 그녀의 오빠가 그녀를 인터넷에서 놀릴 때 분노를 표현하듯이, 그녀의 실제 삶에서 일어나고 있는 것처럼 페이스북의 사건들을 설명했다. 많은 사람에게 페이스북은 실제 삶에서 이루어지는 사회적 상호작용의 연장이다. 그러나 사회적 상호작용의 빈도와 분량은 실제 삶에서보다 인터넷에서가 훨씬 크다.

인터넷의 발언은 그것을 받는 사람에게 감정적 반응을 끌어낸다. 학교에서 친구가 스칼렛에게 그녀의 옷에 대해 칭찬을 해 줄 때 그것은 그런 행위의 긍정적 강화를 가져온다. 다음 번 스칼렛이 옷을 고를 때 가장 많이 칭찬을 받을 수 있는 옷을 고르기가 더욱 쉬울 것이다. 그런데 현실의 삶에서 칭찬과 격려는 가끔 찾아온다. 대조적으로 페이스북에서는 스칼렛이 활동, 의견 또는 사진을 올리면 거의 즉각적으로 그녀와 연결되는 오래된 친구들, 새 친구들 그리고 새로 알게 된 사람들이 있다. 사람들은 의견을 주고 그녀의 게시물과 사진들에 '좋아요'를 누른다. 이것은 엄청난 아드레날린의 쇄도를 제공해 줄 수 있다. 심지어 40세의 나이에 나는 다른 사람들이 내가 페이스북에 게시한 것과 사진에 대해 긍정적으로 언급할 때 인정받고 수용된다고 느낀다. 나의 사진과 의견에 대한 신속한 긍정 신호는 다른 어떤 사람이 나의 공헌을 인정해 준다는 것을 내가 알기 때문에 나를 웃게 만든다.

그러나 항상 SNS에 있고 싶어 하는 강박적 행위 그리고 거기에 상당한 시간을 투자하는 것은 고전적 조건 형성의 결과라고 볼 수 있다. 우리는 스키너의 상자 속의 대상물들이다. 레버가 컴퓨터이고 보상은 소셜 미디어의 친구들로부터의 칭찬과 긍정적 강화다. 인정과 사랑을 구하는 사람들은 그들이 찾는 사회적 인정과 사랑과 같은 보상이 속사포같이 제공되기 때문에 페이스북의 유혹에 넘어갈 수 있다. 그들이 더 많은 사회적 보상을 받을수록, 그들은 늘어나는 디지털 보상을 얻기 위해 페이스북에 더 많은 시간을 쓰고 게시하고 놀며 그리고 상호작용을 한다.

나의 개인적 경험으로 볼 때 페이스북에서의 관계 형성은 현실의 삶에서만큼 그렇게 강하거나 의미 있는 것은 아니다. 하지만 나는 사람들이 "내가 네 휴가 간 사진을 보았다. 내가 너와 함께 있었다면 좋았을 텐데!" 또는 "너는 정말 멋진 가족을 가졌구나!"와 같은, 심지어 나의 오랜 친구들이 오랜 세월 말하지 않았던 말을 남길 때 인정을 받는다고 느끼지 않을 수 없다. 반대로 사람들이 나를 무시할 때 나는 마음의 상처를 받고 거부당했다고 느낀다.

MMORPG와 다른 인터넷 게임들과는 달리 페이스북은 사랑과 인정을 구하는 사람들에게 보다 매력적인 환경을 제공한다. 우리에게 가상 선물과 친절한 발언과 같은 디지털 보상을 제공하는 인터넷 친구들의 많은 수는 현실 삶에서 실제로 우리의 친구들이다. SNS에서 우리가 실제 삶의 친구들로부터 받는 긍정적 강화는 즐겁고 의미 있는 것이다. 접근성, 신속한 지지 그리고 사랑과 인정에 관한 욕구의 결합은 페이스북과 같은 SNS를 매우 중독적으로 만들 수 있다.

예를 들면, 내 아내는 40세가 되었을 때 페이스북 게시판에 "그래, 나는 나이가 마흔 살이 되었는데 슬프고 우울한 느낌이 들어."라는 글을 올렸다. 짧은 순간에 그녀는 가족과 친구들로부터 지지해 주는 글들을 받았다. 심지어 고등학교 시절 영국에서 살았을 때 만났던 친구도 지지해 주며 반응해 왔다. 그녀는 자신의 상태에 대해 올린 게시물 수에 놀랐다. 그것이 사랑을 받고 인정을 받는다고 느끼게 해 주었다. 그녀와 함께 이것을 이야기하면서 소셜 미디어와 연결된 양 대 질의 현상을 보았다. 그녀에게 인터넷의 보상은 실제적 대면보다 덜 의미 있는 것이었다. 그러나 만약 그녀의 가까운 친구가 영국에서 날아와 개인적으로 40번째 생일을 축하해 줄 수 있다면 그녀가 극도로 사랑을 받는다고 느꼈겠지만, 그녀의 친구는 거기 있을 수가 없고 그래서 페이스북의 발언이 이 친구가 아내에게 적어도 작은 정서적 연결을 만들어 줄 수 있게 한 것이다.

SNS는 많은 양의 사회적 상호작용을 촉진시키지만 그런 상호작용에서 질적으로는 떨어진다. 대조적으로 현실 삶의 만남은 더 많은 시간과 정서적인 헌신을 요구하기에 사람들은 페이스북의 만남보다 현실 삶의 만남에서 더 적은 횟수를 경험한다. 하지만 직접적으로 대면하는 상호작용은 현실적이고 순수하기에 더 가치 있는 것이다.

나의 아내는 페이스북에 중독되지 않는다. 그러나 어떤 페이스북 사용자들에게는 소셜 미디어를 사용하는 강박이 다른 행위 중독과 유사하기

때문에 그것은 그들의 삶에 파괴적인 것이 된다.[3)]

사람들은 사회적 상호작용과 연결을 갈망한다. 인터넷에서 사람들은 개인적 연결의 보상과 함께 적은 위험 부담과 적은 정서적 투자로 어떤 정보와 이미지가 다른 사람들에게 그들을 대변하는지를 통제할 수 있는 능력을 즐긴다. 그러나 인터넷 상호작용의 질은 실제 삶보다 더 낮기 때문에 인정받는다고 느끼고 사랑을 경험하며 그리고 행복을 성취하는 데 사람들은 소셜 미디어를 더 많은 양과 횟수로 사용해야 한다. 게이머에 대한 디지털 세계의 유혹하는 덫과 유사하게 소셜 미디어는 인정과 사랑을 구하는 사람들에게 엄청난 유혹이다.

이 책의 서론에서 논의된 바와 같이 숀 울리는 〈에버퀘스트〉의 디지털 세계에 그의 전 존재를 던졌다. 숀은 게임의 세계에서 사랑과 인정을 찾았다. 그는 직접 만난 적이 전혀 없는 그의 인터넷 친구들과 더 많은 시간을 보내기 위해 결국 실제 가족과 친구들로부터 멀어졌다. 그는 인터넷에서 아마 그에게 사랑과 인정의 감정을 제공해 주었던 새로운 친구들과 정서적 유대를 발달시켰다. 그리고 그가 정서적으로 연결되었고 인정받고 있다고 느꼈던 인터넷 캐릭터가 그를 거부했을 때 그는 진정한 슬픔, 고통 그리고 분노를 느꼈다. 숀은 외롭게 고립되었다. 그는 현실 삶의 가족과 친구들뿐 아니라 인터넷 친구들과의 모든 연결을 잃어버렸다. 사랑과 인정의 욕구와 거부당한 경험이 그의 자살을 불러왔다. 가상 관계에 자신의 심장을 두는 사람들의 마지막 결과는 종종 그런 심장의 파괴다.

3) Cohen, Elizabeth. "Five Clues That You Are Addicted to Facebook." CNN Health. April 23, 2009. http://articles.cnn.com/2009-04-23/health/ep.facebook.addict_1_facebook-page-facebook-world-social-networking?_s=pm:health. Accessed August 27, 2011.

CHAPTER **11**

테트리스 효과: 각 세계의 혼합

여섯 살 된 사라는 페이스북에서 〈팜빌(Farmville)〉을 하는 것을 좋아한다. 예쁘고 작은 동물들이 그녀를 사로잡고 그녀는 자신의 정원이 자라는 것을 자랑스럽게 바라본다. 그녀는 화소로 처리된 경작물들을 돌보고 동물들을 돌보는 책임감을 갖는 것을 즐긴다.

어느 날 그녀는 차에서 부모와 함께 여행을 하고 있었고 그들은 커다란 농장을 지나가고 있었는데 들판에서 한 무리의 양떼가 풀을 뜯고 있는 것을 보았다. 사라는 창문에 그녀의 손을 들어 컴퓨터 마우스의 버튼을 클릭하는 것처럼 집게손가락을 구부렸고 엄마에게 "엄마, 내가 클릭해서 그것들을 얻을 수 있게 양들 위에 버튼이 있으면 좋겠어요."라고 순진하게 말했다. 사라의 어린 마음은 디지털 세계와 현실 세계를 이미 합쳐 놓고 있었다.

나의 딸이 여덟 살일 때 그녀는 〈웹킨즈(Webkinz)〉를 하는 것을 좋아했다. 〈웹킨즈〉는 2005년에 출시되었고 어느 순간 거의 4백만 명의 적극적인 사용자들을 끌어들였다.[1] 〈웹킨즈〉는 아이들을 위해 예쁜 봉제인형 동물들을 만들었고 각기 독특한 식별 번호를 가진 장난감을 제공했다. 내 딸은 〈웹킨즈〉 MMORPG를 통해 동물 인형들의 삶을 살았다. 그녀는 자신의 디지털 애완동물의 생활공간을 장식해 주고 그녀의 인터넷

1) Snow, Blake. "Gigaom Top 10 Most Popular MMOS." Gigacom. June 13, 2007. http://gagaom.com/2007/06/13/top-ten-most-popular-mmos/. Accessed July 15, 2011.

친구들과 대화를 하면서 애완동물이 게임을 하도록 조종할 수 있다. 그녀는 〈웹킨즈〉 세계에 빠졌고 〈웹킨즈〉 역할 게임이 현실 삶의 놀이와 인터넷 놀이를 쉽게 혼합시켜 버리도록 했다. 그녀는 자기가 사랑하는 동물 인형들이 인터넷에서 생생하게 말하고 뛰며 먹고 활동하고 그리고 노는 것을 볼 수 있었다.

우리가 어떤 과제나 활동에 상당한 시간을 쓸 때 우리의 마음에 어떤 일이 생기는가? 우리가 비디오 게임에 많은 시간을 집중할 때 우리의 뇌에 어떤 일이 생기는가? 하버드 대학교의 로버트 스틱골드(Robert Stickgold) 박사와 그의 연구 팀은 연구 학술지 『사이언스(Science)』에 3일 동안 7시간 테트리스 게임을 한 사람들이 잠을 자면서 활동의 환각적 재연을 경험했던 실험 내용을 기고했다.[2] 이런 현상을 '테트리스 효과'라고 부른다. 테트리스 게임은 다양한 모양의 떨어지는 블록들이 계속적인 줄을 형성하도록 정렬시켜야 하는 퍼즐 게임이다.[3] 그런 줄이 만들어질 때 그것은 사라지고 없어진 줄 위에 어떤 블록이 떨어질 것이다. 어느 정도의 줄이 없어지고 나면 게임은 새로운 단계로 들어간다. 게임의 진도가 나가면서 각 단계는 블록들을 더 빨리 떨어지게 한다. 블록 무더기가 게임하는 공간의 꼭대기까지 차면 게임은 끝나고 어떤 새로운 블록도 떨어질 수 없다. 테트리스 게임을 하는 참가자들은 잠이 들면서 게임의 끼어드는 시각적 이미지들을 보고했다.[4]

2) Stickgold et al. "Replaying the Game: Hypnagogic Images in Normals and Amnesics." *Science*. 2000 Oct 13; 290(5490):350-3.

3) "Tetris." Wikipedia. http://en.wikipedia.org/wiki/tetris. Accessed September 19, 2011.

4) Leutwyler, Kristin. "Tetris Dreams." *Scientific American*. October 16, 2000. http://www.scientificamerican.com/article.cfm?d=tetris-dreams. Accessed September 7, 2011.

게이머들이 디지털 세계에 계속 빠지게 되고 여유 시간의 대부분을 비디오 게임을 하는 데 보내면서 그들의 마음과 현실 감각은 계속 디지털 세계에 영향을 받고 왜곡되며 혼합된다. 심지어 그들이 게임을 하고 있지 않을 때 그들의 마음은 그들이 선택한 게임에 사로잡혀 있기 쉽다. 그들은 전략들—그들의 캐릭터의 신분을 어떻게 올려놓을 수 있을지, 그들의 캐릭터가 어떤 새로운 물품이 필요한지 또는 그들의 제국의 지배력을 어떻게 발전시킬 것인지—을 생각하고 있다. 내가 내 컴퓨터로부터 떨어져 있었을 때도 내 마음은 내가 중독된 게임에 대해 생각하기를 결코 멈추지 않았다.

비디오 게임에 대한 폭식이 고조되어 있을 때 나는 사악한 괴물들, 죽지 않은 해골들과 악마를 퇴치하는 게임인 〈디아블로〉를 일주일에 40시간 이상 하였다. 게임은 지하 동굴과 용의 주제를 가진 역할놀이에 토대를 두었지만 행동은 실시간이고 살아 있는 듯이 움직인다. 내가 죽지 않은 해골들에 화살을 쏠 때 뼈들이 부서져서 동굴 바닥에 부딪히는 소리가 사실적이고 악마의 세계에 완전히 빠지게 한다.

〈디아블로〉에서 나는 악마를 쫓고 죽이는 전사, 부랑자 또는 마법사였다. 〈디아블로〉는 '블리자드'의 인터넷 사이트(Battle.net)를 통해 나를 다른 게이머들과 연결되게 해 주었고, 나는 인터넷의 다른 사람들과 함께 게임을 하는 데 내 시간의 대부분을 썼다. 나는 나와 함께 게임을 하도록 내 친구들을 불러 모으기도 했다. 나는 실제 삶의 관계보다 나의 〈디아블로〉 캐릭터들에 더 많은 가치를 두었다.

전에 한 전사 친구가 나를 도우러 왔는데 귀하고 매우 강한 물건—'조던의 반지'라 부르는 보석—을 떨어뜨렸다. 게임에서 그 순간까지 수천은 아니더라도 수백의 괴물을 죽이면서도 나는 조던의 반지를 보거나 찾은 적이 없었다. 그것은 게임에서 매우 탐내는 물건이었고 돈처럼 사용되었으며 만약 인터넷에서 팔린다면 10불에 팔릴 수 있었다. 내가 친구에게 이 반지를 받았을 때 나는 행복했다. 나는 내 컴퓨터 주변을 돌며 웃고 기뻐하며 신나게 춤을 추었다. 내가 결코 만난 적이 없던 내 인터넷 친구는 나에게 사랑하는 사람으로 받은 어떤 만질 수 있는 선물보다 훨씬 더 고마운 선물을 주었는데, 이 선물은 단지 컴퓨터 코드로 만들어졌고 〈디아블로〉란 게임에서만 존재했다.

아내와의 관계에서 갈등을 겪고 있을 때 우리의 결혼을 회복시키는 데 절박했기 때문에 우리는 교회를 다니기 시작했다. 나는 인터넷에 너무 많은 시간을 쓰고 부부 관계에는 충분히 시간을 쓰지 않았다. 나는 아내와 거의 말을 하지 않았고 데이트를 위해 함께 외출하려고 하지 않았다. 나는 그녀가 자기 시간을 어떻게 쓰는지 상관하지 않았다. 내 삶의 중요한 목적은 인터넷의 내 캐릭터를 강하게, 더 세게 그리고 더 좋은 장비를 갖추게 만드는 것이었다. 내 마음은 끊임없이 게임에 몰두해 있었다. 나는 일요일 아침 교회에서 목사님이 설교를 할 때 깨어 있기 위해 많이 애를 썼지만 자주 잠이 들곤 했다. 잠이 든 상태에서 깬 상태로 바뀔 때도 나는 반쯤 정신이 든 상태였고 게임에 관해 생생한 꿈을 꾸었다.

어느 날 나는 교회에서 잠에 빠져 있었는데 지붕 위에서 쿵쿵거리는 큰 발자국 소리를 들었다. 갑자기 '디아블로'가 천장을 부수고 들어와 교인들을 해치기 시작했다. 그것은 '테트리스 효과'였는데 단지 떨어지는 물체 대신 나는 사악한 폭력을 목격하고 있는 것처럼 느꼈다. 〈디아블로〉에서 내가 수천 번 했던 것과 유사하게 나는 갑옷을 입고 예배를 드리는 사람들을 구하고 악마를 죽이는 것을 꿈꾸었다. 아니면 내가 악마와 한편이 되어 그를 도와야 하는가?

다른 게이머들도 디지털 세계와 신체적 세계가 합쳐지는 비슷한 경험을 보고했다. 테트리스 효과를 논의하는 논문에서 이들 게이머들은 그들의 경험을 공유했다.[5)]

> 처음 〈둠(Doom)〉이나 〈다크 트루퍼스(Dark Troopers)〉와 같은 원근법적인 사격 게임을 긴 기간 하고 난 후, 며칠 동안 내 주변에 게임과 너무 똑같은 환경을 보곤 했다. 기본적으로 나는 한 지점에서 시작했고 내가 어디로 가든 또 한 지점까지 하려고 했다. 나는 그 게임과 매우 똑같이 전에 있어 본 장소를 확인까지 하면서 머릿속으로 가장 좋은 길의 기본 계획을 세웠다. 그러면서 나는 내 주변에 있는 사람들과 덜 상호작용을 하게 되었다(그들은 결국 나쁜 사람들이다). –팀

> 〈아스터로이즈(Asteroids)〉를 하는 동안 나는 운전을 하면서 위기일발을 피하기 위해 스스로 4차원 공간 버튼을 누르려 하는 것을 알았다.
> –스티브

> 내가 〈디센트(Descent)〉를 처음 하려고 시작했을 때 실제 세계로 이어지는 어떤 재미있는 이월을 알았다. 마켓에서 전에 내가 보는 시야의 끝에 나는 공기 중에 떠 있는 밝은 금속 같은 파란 원형 물체(실제로 희한한 헬륨 풍선)를 보았고, 즉시 '방패 기능 사용!'을 생각했다. 그러고는 내가 컴퓨터 앞에 없다는 것을 깨닫기 전에 그것을 향해 서성이기 시작했다. –마이클

5) Earling, Anntte. "The Tetris Effect: Do Computer Games Fry Your Brain?" Philadelphia Citypaper. March 21-28, 1996. http://archives.citypaper.net/article/032196/articleo38.shtml. Accessed September 11. 2011.

나는 때때로 어떤 일을 했어야 하는데 그렇게 하지 않는 것을 알고 있고, 그러면 나는 게임을 시작하길 원한다. –머코

당신은 쇼핑센터에 있는 자동차 경주 게임에서 시속 300마일로 운전하곤 했다. 그러고서 차에 올라타 여기가 어디인지를 잊어버리고 형편없는 놈처럼 주차장을 빠져나간다. –마이클

말콤 글래드웰(Malcolm Gladwell)은 그의 책 『아웃라이어(Outliers)』에서 어떤 직업, 스포츠 또는 활동에서 엘리트 신분을 확보하는 데 일만 시간이 필요하다고 언급했다. 일만 시간은 어떻게 분해될 수 있는가? 일만 시간은 4년 이상의 풀타임 노동이다. 많은 사람은 신체적으로뿐 아니라 정신적으로 그리고 자신을 프로 게이머로 만들면서 이렇게 많은 시간을 게임에 쓴다. 그럼에도 불구하고 대부분의 게이머에게는 정말로 정예 프로 게이머의 기술 수준에 도달하는 것은 아무런 의미가 없는 것이다. 하지만 상업 광고나 상금을 받는 프로 운동선수와 비슷한 삶을 사는 약간의 프로 비디오 게임 선수가 있다.

대부분의 게이머는 그들의 게임 기술로 결코 수입을 만들지 못하지만 많은 청년은 그런 가능성에 유혹되고, 그런 사람이 게임 중독을 합리화시키려고 하는 흔한 방법은 자신이 프로 게이머가 되겠다고 선포하는 것이다.

내가 게임 중독에 대해 한 무리의 고등학생들과 이야기하는 동안 한 소년이 손을 들고 "프로 게이머는 돈을 벌어요."라고 반박을 했다. 나는 그들에게 게임보다 더 많은 프로를 가진 분야인 프로 운동선수가 되는 가능성을 아는지 질문을 했다. 아무도 그것을 몰랐고 프로 운동선수가 될

수 있는 가능성이 3만 명 중의 1명 정도라는 것을 듣고 그들은 충격을 받았다. 프로 게임에서는 연간 10만 불이 넘게 버는 단지 약간의 게이머가 있다. 아이에게는 대략 400명의 미국인 중의 1명이 가능성을 가진 의사가 되는 교육을 받고 의사가 되는 것이 가능성은 훨씬 높다.

프로 게이머, 조종사 또는 직업 군인과 같은 몇 가지 직업 경로를 제외하고는 직업적 숙련이나 기술의 측면에서 디지털 세계에서 현실로 전환되는 기술은 거의 없다. 문제는 비디오 게임 중독자들이 그들의 게임 시간을 조절할 수 없다는 것이고 그들이 게임하는 데 귀중한 시간을 너무 많이 낭비한다는 것이다. 게이머는 현실의 삶에서 이 기술을 적용하여 기능할 수 없기 때문에 획득한 어떤 전문적인 실제 기술이 낭비되고 만다.

내가 알코올이나 카지노에 반대하지 않는 것과 유사하게 나는 비디오 게임에 반대하는 것이 아니다. 그러나 나는 기술의 책임 있는 사용과 합리적인 비디오 게임의 사용을 지지하는 사람이다. 불행하게도 알코올과 중독적인 도박꾼과 유사하게 비디오 게임을 하는 것을 조절할 수 없는 사람들이 있다. 아이들과 성인들은 그들의 건강, 삶 그리고 미래에 대한 위험성을 인식하지 못한 채 비디오 게임, 소셜 미디어 그리고 인터넷 게임의 유혹에 빠진다.

비디오 게임에 대한 너무나 좋은 사용 방식이 있다. 예를 들면, 그런 게임들이 아이들을 교육시키는 것을 도울 수 있고 손과 눈의 협응을 개선시킬 수 있으며, 조종사가 비행기를 운전하는 것을 훈련시키는 데 사용될 수 있다. 그러나 비디오 게임을 하는 것이 과도해지고 문제가 되는 순간이 있다. 예를 들면, 비행 기술을 연습하기 위해 비행 시뮬레이터를 사용하는 조종사는 실제 직업을 얻고 돈을 벌기 위해 결국 실제 비행기를 운

전해야 한다. 만약 조종사가 항상 디지털 세계에서 비행기를 운전한다면 그는 실제 비행기를 운전하는 직업을 결코 얻을 수가 없을 것이다.

우리가 게이머로 게임을 하는 것이 컴퓨터 관련 기술, 게임 기획, 프로그래밍 그리고 프로 게임을 발달하게 도와줄 수 있다고 주장하면서 핑계를 댈 수 있다. 게이머들은 비디오 게임을 하는 엄청난 시간 투자를 정당화하면서 그들의 실제 삶과 디지털 세계를 합치려고 한다. 불행하게도 나는 게임을 하면서 게임의 코드를 배워 본 적이 결코 없고 나의 아들도 〈에이지 오브 엠파이어(Age of Empires)〉를 했던 역사를 조금도 기억하지 못한다. 나는 다른 부모들로부터 자녀들이 그래픽 디자인이나 프로그래밍에 관심이 있어서 그들이 자녀들을 비디오 게임을 하도록 허락했다고 들었다. 그러면 나는 자녀들이 좋아하는 소프트웨어 제품이 어떤 그래픽 디자인을 쓰는지 또는 그들이 어떤 컴퓨터 언어를 알고 있는지 묻는다. 대다수의 경우는 답변을 얻지 못한다. 진실은 아이들이 컴퓨터 과정을 듣고 연구하며 그리고 실습하기 위해 스스로 디지털 세계의 최면으로부터 빠져나오지 않는 한, 게임을 하는 것이 아이들에게 그래픽을 디자인하거나 컴퓨터 코드를 쓰는 것을 가르치지 않는다는 것이다.

많은 아이와 성인에게 디지털 세계에서 게임을 하는 것에 대한 유혹은 너무나 강해서 저항할 수가 없다. 사람들이 비디오 게임이 제공하는 세계에 빠지는 것은 유혹적으로 재미있고 보상을 준다. 오늘날 게임은 심지어 가장 지적인 사람들의 마음에 침투하여 사로잡을 능력을 갖출 정도로 상당한 영향력을 갖고 있다. 게이머들은 디지털 세계로 완전히 몰입하는 경험을 한다. 수억 명의 사람들이 게임에 빠져 있다. 사람들이 비디오 게임에 중독이 되면서 디지털 세계와 현실의 결합이 불가피하게 찾아온다.

CHAPTER **12**

중 독

삶에서 나의 길을 찾으면서 항상 적응해 보려고 했지만 베트남 이민자로서 성장하는 것이 나에게 불안정성이나 나쁜 습관을 가져오기도 했다. 한 가지는 나는 하나님을 알지 못했기 때문에 삶의 방향을 갖고 있지 않았다. 나의 아버지는 극도로 파괴적인 양극성 장애를 갖고 있었기 때문에 대체로 나의 아버지 쪽은 불안정했다. 집에서 시끄럽고 폭력적인 다툼이 있었다. 가족들이나 아는 어른들은 나에게 미련하거나 정신이 나갔다고 하면서 그리고 끊임없이 내 생각을 무시하면서 나를 정서적으로 급히 공격했다. 내 가족의 상처를 주는 말들 중에는 나를 자극하려는 의도도 있겠지만 대신 그런 말들은 내 마음을 상하고 허탈하게 했다. 나는 낮은 자존감을 갖게 되었고 외롭게 느껴졌다. 나는 내 주변의 다른 사람들과 관계를 형성할 수 없었다. 사랑과 인정에 대한 나의 강한 욕구는 나를 역기능적으로 만들었다. 나는 다른 사람들의 인정을 받기 위해 어떤 일을 하거나 말하기도 했다. 나는 정서적 고통으로의 도피를 촉진시키기 위해 중독적인 행위들을 수용할 이상적인 후보였다.

나는 중학교 때 폭스 선생님이 소개해 준 리더십 수업에서 강점을 찾게 되었다. 나는 학업과 운동을 통해 자신감과 자아를 키울 수 있었다. 그러나 외부적인 찬사가 내 영혼과 마음속의 뿌리박힌 불안정함을 치유해 주지 않았다. 불행하게도 나이가 들수록 나는 내 삶의 어떤 것들을 지배할 수 있다고 느끼기 위해 자신감과 리더십의 능력을 다른 사람들을 괴롭히는 데 사용했다.

나의 아버지와 형은 둘 다 양극성 장애를 겪었다. 그들은 급성으로 매년 조증 증상이 있었고 여러 차례 입원을 해야 했다. 한번은 나의 아버지는 다른 운전자들에게 화가 나서 오리건 주의 26번 고속도로에서 가족을 태우고 역주행을 했다. 그러고는 그는 차 안의 모든 가족과 함께 배수구로 충돌했다. 또 다른 경우는 교외의 주택가에서 닭을 스물다섯 마리 키우기로 결정했다. 경찰은 아버지가 새 차들을 시험 운전하고 영업소에 반환하지 않았기 때문에 아버지를 잘 알았다. 나는 아버지의 모험에 대해 책 한 권을 쓸 수 있을 것이다. 어떤 것은 다시 들을 때 재미있겠지만 이런 조증 증상들은 그 당시 우리 가족에게는 즐거운 일과는 거리가 멀었고, 나도 양극성 장애를 가졌을지 모른다는 걱정을 증가시켰다. 다행히 나는 그런 증상을 결코 발달시키지 않았지만 여전히 내가 내 인생을 통제하고 있다고 느끼지는 않았다. 나는 자신을 기분 좋게 하려고 사람들을 무너뜨렸다. 나는 그들이 나보다 약하다고 생각되면 말로 사람들을 공개적으로 야단쳤다. 나는 정서적으로 그리고 영적으로 엉망진창이었다. 나는 길을 잃고 화를 내며 미워하면서 좌절하고 그리고 상처를 받았다. 무엇보다 나는 사랑과 인정의 깊은 욕구를 갖고 있었다. 나는 망가졌고 이런 행동은 결혼 생활로 이어졌다. 나는 친절하고 애정이 깊은 남편이 되는 방법을 몰랐다. 나의 아내 줄리와 자주 말다툼을 했고 한 팀으로 일할 수가 없었다. 나는 나의 오랜 방식으로 떨어졌고 그녀를 무자비하게 조롱하고 비난했다. "당신은 집안일을 제대로 하지 않아." "당신은 게을러." "당신은 심지어 세탁도 제때 하지 않아." "내가 없으면 당신은 아무것도 아닐 거야."

부부 갈등, 의대, 대학원의 어려움 그리고 어린 자녀를 키우는 것에 대응하면서 나는 인터넷 비디오 게임으로 더 깊이 빠져들었다. 비디오 게임에서 나는 존경, 인정, 사랑, 격려, 도전, 자아 고양 그리고 리더십의 기회를 찾았다. 나는 비디오 게임의 아바타, 툰 그리고 프로필을 지배했다. 나는 그것들의 신체적 특징과 다른 특징들을 정했다. 마침내 내가 상상했던 대로 볼 수 있었다. 나는 게임에서 신적인 힘을 느꼈고 지배력을 맛보았다. 내가 승리를 만끽하는 동안 그들의 분노와 욕설을 보고 들으면서 나는 인간 적들을 쳐부수는 것을 즐겼다. 나는 〈울티마 온라인〉에서 팀과 함께 다른 게이머들을 죽이고 빼앗은 서버를 지배하는 것을 좋아했다. 〈디아블로〉에서 나는 다른 게이머들이 살려 달라고 하고 그들이 어렵게 얻은 갑옷, 무기, 장비를 돌려 달라고 애걸하는 것을 듣고 싶어 못 견디는 상황을 결정했다. 인터넷 친구들과 내가 이런 게임을 했던 방식에 좋은 어떤 것은 없다. 이 친구들의 대부분은 내가 결코 만난 적이 없었다. 성인으로 나는 실제 삶에서 심각한 결과를 초래하지 않고 다른 사람들을 괴롭힐 수 없었고 그래서 나는 힘을 추구하고 다른 사람들을 지배하면서 인터넷에서 놀았던 게임에 의지했다. 내가 비디오 게임에 더 깊이 빠져들면서 나의 현실의 삶은 산산이 부서지고 있었다.

나는 부모님이 청소년기에 내게 한 말을 기억했다. 마약 금지, 알코올 금지, 도박 금지 그리고 금연. 그러나 비디오 게임은 허용되었고 그것은 사회적으로 수용되는 도피 기제였다. 비디오 게임은 아주 유익한 것처럼 보였다. 비디오 게임들이 가까운 모든 매장에서 많이 팔리고 있다면 어떻게 해로운 것이 될 수 있단 말인가? 나는 비디오 게임들과 함께 컸고 여기저기 게임 광고가 있었으며 거의 모든 사람이 게임을 하였다. 그러나 비디오 게임은 내 마음에 디지털 마약이었다.

나는 아버지로부터 물려받은 조증 기질로 잠을 거의 자지 않고도 생존할 수 있기 때문에 여전히 현실 삶에서 정상적으로 기능하고 있다. 나는 학교에 가서 낮에는 실험실에서 일했고 그러고는 집에 와서 저녁 식사를 하고 아이들을 돌보며 아내가 일을 끝내고 집에 올 때까지 비디오 게임을 한다. 나는 심지어 한밤중에 아기에게 우유를 먹이는 것을 자원하기도 했다. 그래서 아내는 잘 수 있고 나는 비디오 게임을 할 수 있게 말이다. 나는 오른손으로 마우스를 클릭하며 게임을 하면서 왼손으로 아기에게 완벽하게 젖병을 물렸다.

때때로 오전 4시나 5시와 같은 꼭두새벽까지 게임을 하면서 꼭두새벽 나는 내 마음속에 더 많은 비디오 게임을 꽉 채웠다. 나는 몇 시간 동안 자고 하루 일과를 반복했다. 나는 새들이 지저귀는 소리를 듣는 게 무서웠는데 그것은 아침이 되었다는 것을 의미하기 때문이다. 나는 밤새도록 또 게임을 한 것에 대해 나 자신에게 화가 났다. 만성적으로 피곤해서 나는 운전 중에도 고개를 자주 떨구었고 차선을 이탈하기도 했다. 다른 경우에는 마지막 운전한 5분이나 10분을 기억할 수 없었다. 하루는 아침에 〈디아블로〉를 하느라 의대에서 병원 실습에 늦었기 때문에 차량 접촉 사고가 나기도 했다. 일요일마다 나는 거의 하루 종일 잠을 자며 재충전을 하고 월요일이 되면 되풀이되고 결코 끝나지 않는 지옥이 언제나 다시 시작되었다. 나는 기능적인 중독자였다. 나는 대부분의 사람의 삶, 직업 그리고 미래를 쉽게 파괴할 수 있는 일정을 유지했다.

비디오 게임에 대한 나의 중독은 매주 40시간 내지 50시간을 쓰면서 9년 이상 계속되었다. 특히 휴일이나 휴가 중인 어떤 주는 게임을 50시간 이상 하였다. 나는 정신적으로, 신체적으로 그리고 영적으로 변하기 시작했다. 나는 아내와 아이들에게 계속 짜증을 부리거나 화를 내면서 학대를 했다. 나의 마음은 항상 비디오 게임에 사로잡혀 있었다. 나는 가족들뿐 아니라 친구들과 동료들로부터 멀어졌다. 나는 혼자 있는 것을 좋아했고 게임을 할 수 있는 추가적인 시간을 슬쩍 더 만들었다. 나는 아내가 아이들과 함께 낮잠을 잘 때 흥분했는데 게임을 할 수 있는 시간이 더 생겼기 때문이다. 아내가 일찍 자러 갈 때를 좋아했는데 새벽에 새들이 우는 것을 듣기 전에 더 많은 시간 게임을 할 수 있었기 때문이다.

하지만 집에서 노는 것만으로 충분하지가 않았다. 나는 수업과 점심시간 사이에 의대 도서관에서 컴퓨터의 부트 디스크를 사용해서 〈워크래프트 2〉를 다른 사람들과 할 수 있었다. 나는 대결에서 졌을 때 한 차례 격분을 했다. 컴퓨터 화면에 욕설을 퍼붓고 내 마우스를 던져 버렸다. 키보드를 내리쳤다. 나는 게임을 잠시 쉬라고 하며 나를 기분 좋게 해 주고 삶으로부터 도피할 수 있게 해 주는 유일한 것으로부터 멀어지라고 요구하는 아내에게 몹시 화를 냈다. 나는 그녀가 불안정하고 의존적이며 그리고 내 시간을 요구한다고 비난했다. 나는 나의 불안정함에 대해 다른 사람들을 비난했다.

점점 더 나는 많은 시간 비디오 게임의 마약 주사를 필요로 했다. 그렇지 않으면 나는 짜증이 나고 화가 났다. 게임을 하고 있지 않을 때는 우울해졌다. 나는 영적으로 고갈 상태가 되었고 아주 낮은 자존감을 갖고 있었다. 나는 비디오 게임을 너무 하는 것이 수치스럽게 느껴졌지만 게임을 그만둘 수가 없었다. 도전에 대한 나의 욕구, 자아에 대한 갈망, 나의 공허한 마음 그리고 나의 외로운 영혼은 도파민의 작고 빠른 분출을 내 마음에 전달해서 나를 그런 고조 상태로 유지시켜 줄 것을 요구했다. 나는 나의 레버가 키보드와 마우스였다는 것을 알고 있었다. 나의 보상은 비디오 게임이 제공해 주는 쾌락적 경험이었다.

과도하게 게임을 하면서 심지어 나는 명백한 신체적 증상들이 나타나기 시작했다. 나는 운동과 체력 단련을 중단하고 말았다. 나는 빈번한 두통, 만성적인 충혈과 안구 건조 그리고 30파운드나 되는 체중의 빠른 증가로 인한 비만 현상을 갖게 되었다. 인터넷에서 게임 대결과 토너먼트를 하면서 앉아 있는 시간이 극도로 많아졌고 신체적 요구를 무시하고 화장실을 가지 않았기에 배뇨장애와 치질도 생겼다. 나는 끊임없이 내 마음속에 쓰레기를 채워 넣었고 내 몸은 고장을 일으키고 있었다.

마침내 나는 심한 언어적 학대를 계속 퍼부어 아내의 마음을 무너뜨리고 말았다. 그녀가 자기 자신과 아이들을 걱정하는 지점까지 가게 되었다. 나는 "너를 미워해!" "너는 나를 방해해!" "당신은 왜 그렇게 의존적이야?" 그리고 "그만 울어. 당신은 너무 약해."라고 소리 지르며 의자를 부수고 벽을 내리치고 그리고 집 안의 물건들을 던져 버렸다. 한순간 그녀는 디지털 세계에서 빠져나올 수 없는 괴물이나 좀비와 결혼을 했다는 불신 속에서 태아의 상태에서 심하게 흔들리고 있었다. 그로 인해 견딜 수 없을 때는 은밀히 친정어머니의 도움을 구하며 3천 마일을 이동했다. 그녀는 나의 접근금지 명령을 법원에 신청하고 이혼 청구와 자녀양육권을 신청했다. 이 사건들은 나를 완전히 황폐하게 했다. 그녀는 내게 현실세계와의 마지막 연결 통로였다. 나는 너무 많은 시간 그리고 너무 많은 세월 게임을 함으로써 현실에서의 친구들과 가족들과 관계를 유지하지 않았다. 비디오 게임 중독이 고조되어 있는 동안 가족들에게 전화를 하거나 친구들을 만나는 것도 중단했다. 나는 종교적 신앙이 없는 불가지론자였고 무엇이든 어떤 삶의 길잡이가 없었다. 그럼에도 불구하고 나는 어느 날 내 말에 귀를 기울여 줄 수 있는 어떤 신에게 기도하면서 마루에 울면서 누워 있었던 것을 기억한다. 나는 도움을 요청하며 기도했고 내 가족이 돌아오기를 기도했다.

나는 자살을 생각하며 계획하기 시작했다. 나는 세계에서 가장 명성 있는 의대 중 하나에서 MD-PhD 학위에 필요한 8년을 단지 2년 남겨 두고 있었다. 모르는 사람에게는 내가 모든 것을 가진 것처럼 보일 것이다. 그러나 진실을 말하면 나는 친구들, 나의 아내 그리고 나의 자녀들까지 모든 것을 잃었다. 나의 영혼은 텅 비어 있었다. 나는 아무것도 갖고 있지 않았다. 나의 어머니는 즉각 나와 함께 살기 위해 날아왔다. 어머니의 개입과 사랑의 임재는 진실로 나의 삶을 구했다. 이혼 변호사를 고용하고 자녀양육권 분쟁을 하는 데 2만 불을 쓴 후, 극적으로 나의 아내는 내가 그녀와 함께 교회를 가기 시작하는 것을 조건으로 나에게 다시 한 번 기회를 주었다. 자포자기의 심정으로 나는 동의를 했지만 나의 비디오 게임 중독이 문제라는 것을 여전히 인정하지를 않았다. 나는 이런 통제 불능의 악순환에 대해 나의 과거의 상처와 스트레스를 탓했다.

나는 아내가 다시 집으로 들어온 후 비디오 게임을 하는 것이 피곤하고 덜 했지만 적당히 게임을 할 수 없었다. 나는 의대를 다니면서 내가 잠시 비디오 게임으로부터 관심이 멀어지게 이베이(ebay)에서 인터넷 사업을 시작했다. 나는 비디오 게임을 하면서 느꼈던 도파민 상승 효과를 이베이에서 물건을 팔아 수입을 얻는 도박의 흥분으로 대치했다. 나는 포켓몬 카드, 집 안 주변의 물건들, 전자 장비, 심지어 망가진 현미경까지 팔았다. 도박꾼이 배당금을 기다리는 것과 마찬가지로 나는 작은 액수에서 시작하는 입찰로 모든 경매를 시작했고, 경매를 진행해서는 마지막 낙찰을 기대했다. 내가 10불을 주고 산 포켓몬 카드는 50불 이상을 받고 팔았다. 실험실에서 버리는 것을 공짜로 얻은 망가진 고물 현미경은 600불 이상을 받고 팔았다. 나는 이 사업으로 아내가 간호사로서의 직업을 그만두어도 충분한 수입을 벌었지만 사업을 유지하기 위해 하루에 두 시간을 써야 했다. 나는 가족을 부양하고 의대에서 버텨 내고 있었기 때문에 내게 긴장을 풀어 주고 매일의 고단한 삶에서 도피하게 해 주는 게임을 하는 데 내 자유 시간을 쓰는 것을 정당화했다. 게임을 했던 모든 시간의 결과로 나는 뇌의 회로가 바뀌어 비디오 게임이 제공한 디지털 마약을 원하게 되었다.

결과적으로 나는 오래된 습관을 다시 받아들였고 비디오 게임에 더 많은 시간을 썼다. 아내와 가족에 대한 나의 헌신은 다시 희미해졌다. 내 아내가 침실로 가서 나를 기다렸을 때 나는 게임을 하는 것을 끝냈지만 아내는 혼자 잠들고 만 적이 많다. 나는 섹스와 정말 중요한 모든 것에 흥미를 잃었다. 나는 심지어 가족과 크리스마스를 함께 보내는 것도 원하지 않았다. 내과 인턴 시절의 짧은 휴가 중에 집에 남으면서 나는 아내와 아이들이 아내의 부모님과 함께 크리스마스를 보내기를 격려했다. 그 주에 나는 100시간 이상을 쓰면서 〈스타크래프트〉를 250번 이상 접속했다. 그 주 후에 나는 가족들이 자거나, 공원이나 영화를 보러 가거나, 학교 일이 생겼거나, 다른 일로 바쁠 때 놀았다. 내 딸은 불과 다섯 살이었지만 비디오 게임에 대한 나의 중독을 알았다. 그녀는 그림을 그렸고 그림 밑에 이런 문구를 썼다. "이것은 공원에 있는 엄마, 남동생, 강아지 그리고 나. 이것은 아빠, 뚱뚱하고 슬프다. 왜냐하면 아빠는 공원에 가지 않고 게임만 하기 때문에."

나는 안과 레지던트를 하면서 오른쪽 팔목과 오른손 검지손가락에 손목뼈 터널 증후군이 생겼다. 이것은 실시간 전략 게임을 하면서 내가 과도하게 마우스 클릭을 했기 때문이다. 손목뼈 터널 증후군은 반복적인 동작을 하여 손목과 팔의 조직에 염증이 생긴 것인데 팔뚝의 고통스러운 통증은 내가 눈 수술을 하는 것을 방해했다. 나는 의사로서 일을 하고 의료 일지를 쓰기 위해 소염제를 최대 용량 복용해야 했다. 안구 내 수술은 손가락과 손목의 세밀한 움직임을 요구한다. 안과 수술 의사가 치료하는 안구 내의 공간은 대략 8mm의 폭에 5mm 깊이 정도다. 이 공간을 넘어서 수술 기구가 움직이게 되면 환자에게 실명을 포함한 의료 사고를 일으킬 수도 있다. 내가 주로 쓰는 팔에서의 손목뼈 터널 증후군으로 나는 눈에서 고통 없이 장비를 움직일 수 없었고 그런 고통은 나에게 수술 중에도 손을 떨게 했다. 결국 손목뼈 터널 증후군이 나를 깨어나게 했다. 나는 과도하게 비디오 게임을 하는 것이 내 건강을 해치고 중독 행위가 나를 망치고 있다는 것을 깨달았다. 게임에 빠졌기 때문에 나는 내 인생, 나의 결혼 생활 그리고 이제는 나의 의사 직업까지 위태롭게 했다. 나의 의사 직업은 내가 그것을 위해 그렇게 열심히 공부했던 것이고 이민자로서 가난에서 벗어날 수 있는 방법이었다. 나는 그것을 가장 큰 영예로 생각했다.

이때쯤 아내가 집으로 들어오면서 아내에게 한 약속의 일부로, 나는 아내와 함께 성경 공부에 참석했다. 처음에는 의무적으로 성경 공부를 하러 갔지만 그것이 내 삶의 기로에서 나를 이끄는 사건이었다는 것을 거의 몰랐다. 우리는 릭 워렌(Rick Warren)이 쓴 『목적이 이끄는 삶(Purpose Driven Life)』이란 책을 읽었고, 나는 내가 특별한 목적을 갖고 창조되었다는 것을 알게 되었다. 나는 이런 목적을 위해 나의 재능을 쓸 수 있고 아니면 그것을 계속 낭비할 수 있다는 것을 알았다. 나는 목적의 길을 선택했고 내가 지금까지 찾고 있었던 사랑과 인정을 찾았다. 마침내 10년이 넘는 기간의 갈등 후에 그리고 내 삶에서 중요했던 모든 것을 거의 잃어버린 후에 나는 하나님의 인도하심을 통해 나의 길을 찾았고 회복의 길을 발견하게 되었다. 나는 게임을 하는 것을 조절하려고 하지 않았다. 나는 줄이지 않았다. 하나님의 은혜로 게임을 하는 것을 완전히 멈추고 말았다.

하지만 심지어 비디오 게임을 하지 않았던 3년 이후에도 나는 여전히 게임에 대한 욕구를 느꼈다. 중독은 평생 가는 전투다. 한번 중독자이었으면 항상 중독자인 것이다.

뇌는 어떤 사람이 보상을 받는 상황을 경험했을 때, 특히 섭식장애, 성 중독, 도박 그리고 게임 중독과 같은 행위 중독에서 도파민이라 불리는 신경전달물질을 내보낸다. 도파민은 마약과 알코올 중독과도 연결된다.[1) 보상을 받는 경험이 계속되면서 쾌락 경험과 연결된 뉴런의 연결과 기억의 연결은 뇌의 연결을 강화하고 재편한다. 비디오 게임 중독자가 게임을 하는 것을 중단했을 때 뇌는 도파민이 분출되는 것과 연결된 똑같은 보상적 흥분을 내보내는 자극을 잃어버린다. 뇌는 또한 내성이라고 알려진 것을 발달시키므로 높은 수준의 도파민에 적응을 한다. 뇌는 더 적은 도파민을 생산하고 보상 회로에서 도파민의 수용량을 줄여 어떤 좋은 기분을 갖기 위해 약물이나 행위를 증가시킬 중독을 요구하면서 약물이나 중독 행위의 쾌락을 감소시킨다. 그렇지 않으면 게임 중독자들은 그들이 게임을 중단할 때 우울 상태와 신체적 금단 증상에 빠질 수 있다.

더블린에서 열린 영국 심리학 협회의 학술대회에서 발표된 자료에서 비디오 게임 중독자들이 게임에 더 많은 시간을 쓰기 위해 식사를 제대로 하지 않고 잠을 자지 않는다고 제시했다. 그들은 금단 증상을 겪으며 비디오 게임을 줄이는 데 어려움을 갖는다. 추가적으로 그들은 보다 내성적이고 정서적으로 불안정하며 보통 사람들보다 낮은 자존감을 갖고 있는 것으로 밝혀졌다.[2) 아마 중독자의 뇌는 중독 행위와 연결되어 도파민을

1) National Institute of Drug Abuse. "Nida Infofacts: Understanding Drug Abuse and Addiction." http://www.nida.nih.gov/infofacts/understand.html. Accessed September 4, 2011.

생산하고 방출하는 능력이 형성되었을 것이다. 도파민이 비디오 게임을 할 때 방출된다는 연구의 증거가 증가하고 있다.[3) 4)]

도파민과 비디오 게임을 하는 것 사이의 연결은 과학 학술지 『네이처(Nature)』와 중독의학 학술지에 발표되었다. 이 책을 정리하면서 나는 새로운 게임과 MMORPG의 광고 화면을 보았다. 그런 장면은 나에게 이런 게임을 하고 싶은 욕구가 생기게 했다. 게임의 이미지를 보고 나를 흥분시켰던 게임의 시나리오를 생각하고 난 후 나는 12시간 동안 동요를 경험했다. 체온을 재어 보니 정상이었지만 머리가 아프고 등이 핀이나 바늘로 따끔따끔하게 하는 것 같으며 구역질과 같은 발작이 있었다. 다음 날은 우울했고 힘이 없었다. 나는 단지 게임의 이런 정지된 이미지들을 봄으로써 금단 현상을 보였다.

미국 중독의학회에 의하면 "중독은 뇌의 보상, 동기, 기억과 관련된 신경 회로의 주된 만성 질환이다. 이런 회로들의 기능장애는 특징적인 생물학적 · 심리적 · 사회적 · 영적 증상들을 이끈다. 이것은 물질 사용과 다른 행위에 의한 보상이나 위안을 병적으로 추구하는 데서 나타난다. 중독은 지속적인 절제력의 상실, 행동 조절의 손상, 갈망, 개인의 행위와 대인관계의 중요한 문제들에 대한 감소된 인식 그리고 역기능적인 정서 반응의 특징을 갖는다. 다른 만성적인 질병들과 같이 중독은 종종 재발과 진

2) Fleming, Nic. "Video Game Addiction 'Like Being on Drugs.'" The Telegraph. April 3, 2008. http://www.telegraph.co.uk/earth/earthnews/338422/video-game-addiction-like-being-on-drugs.html. Accessed September 2, 2011.

3) Koepp et al. "Evidence for Striatal Dopamine Release During a Video Game." *Nature*. 1988 May 21; 393(6682):266-8.

4) Han et al. "Dopamine Genes and Reward Dependence in Adolescents with Excessive Internet Video Game Play." *J Addict Med*. 2007 Sep; 1(3):133-8.

정세의 주기를 포함한다. 회복 활동에서의 치료와 개입이 없으면 중독은 진행되어 신체장애나 조기 사망을 일으킬 수 있다."[5)]

비디오 게임 중독은 아직 공식적인 의학적 진단명은 아니다. 그러나 의사들 중 미국의 가장 큰 집단의 협의회는 비디오 게임 중독이 미국 정신의학회에 의해 만들어지고 편찬되어 폭넓게 사용되는 『정신질환의 진단 및 통계 편람(Diagnostic and Statistical Manual of Mental Disorders: DSM)』에 포함되어야 한다는 사실을 지지한다.[6)] 비디오 게임 회사들은 그들의 제품들이 정신질환을 일으킬 수 있다는 사실을 거부하는데 이 문제는 많은 논란을 낳고 있다. 『정신질환의 진단 및 통계 편람』 제5판은 이 책의 집필 이후에 끝날 것이고 미국 정신의학회가 비디오 게임 중독을 공식적인 진단명으로 올릴지 말지는 불확실하다. 반면에 게임 디자이너는 250억 불 이상으로 커지고 있는 비디오 게임 산업에서 비디오 게임을 중독적으로 만드는 데 금전적 인센티브를 받는다.

나 자신을 포함하여 수백만 명의 비디오 게임 중독자들에게 비디오 게임 중독은 사실이고 무서운 건강과 정신적인 결과를 갖게 했다. 비디오 게임 중독은 게이머를 기분 좋게 해 주는 마음의 디지털 마약이고 그들을 현실로부터 도피하게 도와준다. 중독자는 버튼을 누르고 비디오, 오디오 그리고 촉감의 자극을 받기 위해 키보드에 명령을 입력한다. 이런 자극은 기억이 형성되고 행동과 연결되고 그것에 감정적이고 신체적인 반응을

5) American Society of Addiction Medicine. http://www.asam.org/about.html. Accessed August 31, 2011.

6) Healthwatch. "Video Game Addiction: A Medical Disorder?" CBS News. January 18, 2011. http://www.cbsnews.com/stories/2007/06/21/health/main2965003.shtml. Accessed September 1, 2011.

하게 되는 뇌에 보내진다. 기억이 형성될 때 뇌는 단백질의 표현과 뇌의 기능을 제어하는 수용체를 조절하는 유전자 복사 요인들을 표현한다.[7)]보상과 연결된 행동이 계속 거듭되며 강화될 때 뇌는 유전자 표현을 통해 회로가 바뀌게 된다.[8)] 기억, 행동 그리고 뇌의 신경화학적 반응은 함께 연결되어 있고 행위 중독은 시간을 두고 강화된다.

『사이언티픽 아메리칸(Scientific American)』에 실린 논문은 인터넷 중독, 특히 인터넷 게임은 뇌의 구조를 바꾼다고 밝혔다. 또한 게이머가 더 오랫동안 중독 상태에 있으면 표피층의 뇌 성분이 수축된다고 계속 설명했다. 저자는 이런 수축은 부적절한 행위의 감소된 억제와 낮아진 목표 지향성과 같은 부정적 결과들을 이끌 수 있다고 설명한다.[9)]

비디오 게임 중독은 교활하고 세계적으로 커지고 있는 문제다. 비디오 게임을 할 때 모든 사람이 중독으로 발전하는 것은 아니지만 중독자가 된 게이머들은 그들의 중독 행위에 기여하는 생물학적이고 유전적인 요인들, 환경적인 영향 그리고 발달적인 요소들을 갖기가 쉽다. 젠타일(Gentile) 박사가 수행한 소아의학지의 한 연구는 병적인 비디오 게임의 출현율은 중독 행위를 보이는 청소년들의 대략 9%로서, 세계적으로 비슷하다고 보고한다. 더 많은 시간 동안 비디오 게임을 할수록 사회적 능력은 더 약해지고 병적인 게이머가 되는 위험 요소로 행동하는 것으로 보이

7) Kubik S, Miyashita T, Guzowski JF. "Using Immediate Early Genes to Map Hippocampal Subregional Functions." *Learn Memory*, 2007 Nov 14; 14(11):758-70. Print 2007 Nov.

8) Blum et al. "Reward Circuitry Dopaminergic Activation Regulates Food and Drug Craving Behavior." *Curr Pharm Des*. 2011; 17(12):1158-67.

9) Mosher, Dave. "High Wired: Does Addictive Internet Use Restructure the Brain?" *Scientific American*. June 17, 2011. http://www.scientificamerican.com/article.cfm?id=does-addictive-internet-use-restructure-brain. Accessed August 31, 2011.

는 충동성은 더 커진다. 우울, 불안, 사회공포증 그리고 학업 수행 능력의 저하는 종종 병적으로 게임을 하는 것의 결과다.[10)]

비디오 게임은 거의 모든 집에서 갖고 있으므로 폭넓게 접근할 수가 있다. 만약 페이스북이 있다면 당신은 소셜 미디어 게임에 접속할 수 있다. 만약 인터넷이 있다면 게임에 접속할 수 있다. 모든 사회경제 계층의 아이들이 영향을 받는다. 종종 나는 사람들 앞에서 주변 시선을 잊어버리고 좀비 같은 눈으로 휴대용 게임기에 붙어서 떨어지지 않는 아이들을 본다. 아이들은 부모가 비디오 게임을 디지털 진정제로 쓰면서 중독을 키우기 때문에 비디오 게임 중독이 될 수 있다. 대부분의 부모는 알코올이나 마약에 접근하도록 자녀들에게 제공하지 않지만, 열의 아홉의 미국 가정은 노는 시간을 규제하지 않고 기술의 적절한 사용에 대한 교육이 없이 비디오 게임을 제공한다. 많은 부모는 비디오 게임 중독에 대한 징후나 증상을 모르고 그런 문제에 대한 개입 방식도 모른다.

루크를 생각해 보자. 나의 좋은 친구들 중 하나가 외과 의사 친구와 그의 청소년 아들 루크를 저녁 식사와 물놀이에 초대했다. 루크가 물어본 첫 번째 질문은 집에 비디오 게임이 있느냐는 것이었다. 나의 친구는 창고에 옛날 비디오 게임기가 있을 것이라고 대답했다. 루크는 그에게 게임기를 설치해 달라고 사정했다. 구식 게임기를 설치하느라 몇 시간이 걸린 후 내 친구는 게임기를 그의 새 LCD TV에 연결시키는 데 성공하질 못했다. 아이는 놀 수 있는 비디오 게임을 찾는 데 너무 집착하여 다른 사람들과 어울리거나 물놀이를 즐길 수가 없었다. 그는 응급조치가 필요한 중독

10) Gentile et al. "Pathological Video Game Use Among Youths: A Two-Year Longitudinal Study." *Pediatrics*. 2011 Feb; 127(2):E319-29. EPUB 2011 Jan 17.

자와 같이 비디오 게임을 찾고 있었다. 루크는 고학력의 의사 집안 출신이다. 심지어 고학력의 가정이라도 비디오 게임 중독과 그것의 심각한 신체적 · 정신적 증상들에 대해 모를 수가 있다.

나는 비디오 게임을 반대하는 것이 아니라는 것을 분명히 하고 싶다. 하지만 나는 책임 있는 비디오 게임의 사용에 대한 지지자다. 절제력을 잃고 중독자가 되지 않고 술을 때때로 먹을 수 있는 성인들이 있는 것과 마찬가지로, 사람들이 중독자가 되지 않고 비디오 게임을 하는 것이 분명히 가능할 것이다. 하지만 나는 만약 보다 많은 사람이 과도한 비디오 게임 사용과 연결되어 발생 가능한 신체적 · 정신적 · 정서적 위험성에 대해 교육을 받게 된다면, 우리는 세계적으로 수억 명의 청소년들이 영구적인 디지털 지옥으로 떨어지는 것을 예방할 기회를 갖게 될 것이라고 믿는다. 젊은 사람들이 알코올이나 도박의 중독 위험성에 대해서는 듣지만 우리 사회는 여전히 오늘날 게임 중독이 얼마나 강력하고 만연한지를 과소평가하고 있다. 최근의 인터뷰에서 『사이버 중독자: 게임과 인터넷의 덫에서 도피(Cyber Junkie: Escape the Gaming and Internet Trap)』의 저자이며 비디오 게임에 중독된 아이들과 활동한 케빈 로버츠(Kevin Roberts)는 "18세에서 29세 사이의 연령 집단에서 비디오 게임 중독은 증가하는 문제다. 이 집단의 게이머들이 부모와 함께 살 때는 게임 시간이 제한되지만, 그들 자신의 힘으로는 통제 불능이다."라고 밝혔다.[11] 사회적 비용에 대해 정확한 추산은 없지만 수백만 명의 사람들이 그들의 공동체에 공헌할 수 없고 대신 자원을 고갈시키기 때문에 생산성에서의 손실은 엄청난 것이다.

11) http://kevinjroberts.net/

나는 중용이 가치 있고 행복한 삶의 비결이라는 것을 알았다. 어떤 것의 과도함은 해로울 수가 있다. 우리 모두가 필요로 하는 어떤 것, 즉 물을 생각해 보자. 2007년에 캘리포니아에서 참가자들이 닌텐도 게임을 상으로 받기 위해 많은 양의 물을 마시는 시합이 있었다. 이런 판촉 활동의 주목을 끌기 위한 행동은 너무 많은 물을 마셔서 혈액에 염화나트륨(소금)의 농도를 희석시킴으로써 제니퍼 스트레인지의 죽음을 가져오고 말았다.[12] 염화나트륨의 농도는 정상 신경의 전도뿐 아니라 삼투성을 통해 세포로 물이 들어가고 나감을 조정하는 데 중요하다. 혈액의 염분 농도가 너무 떨어질 때 발생하는 첫 번째 문제는 뇌가 부어오르는 것이고 이것은 죽음에 이르게 할 수 있다.

이런 비극은 심지어 물이라도 많은 양일 때 위험하다는 것을 알려 준다. 유사하게 많은 양의 비디오 게임도 해로운 것이다. 이상적인 세계에서 우리 모두가 하루에 한 시간 이내로 비디오 게임을 할 수 있다면 신나는 일일 것이다. 불행하게도 많은 게이머에게는 중용이 가능하지 않은데 게임은 사람들을 유혹하면서 성취감, 사회적 상호작용 그리고 완전 몰입을 제공하여 그들이 계속 게임을 하도록 고안되었기 때문이다.[13] 크게 성공적인 게임들은 수천만 명의 게이머들을 유혹하여 행동을 강화하고 뇌에 도파민을 방출하면서 마우스를 클릭하며 몇 시간 동안을 앉아 있게 한다. 마찬가지로 비디오 게임 중독자는 게임을 할 수 있는 컴퓨터, 키보드, 마우스 그리고 비디오 게임 이미지를 볼 때 흥분하게 된다. 비디오 게임을 하는 모든 사람이 중독자가 되는 것은 아니다. 그러나 게이머들

12) BBC News. "Why Is Too Much Water Dangerous?" BBC January 15, 2007. http://news.bbc.co.uk/2/hi/uk_news/magazine/62603029.stm. Accessed September 2, 2011.

13) Yee N. "Motivation For Play in Online Games." *Cyberpsychol Behav* 2006; 9: 722-775.

이 적당하게 게임을 할 수 없다면 중독 행위를 끊기 위해서 완전한 절제가 필요하다.

정신이 현실에 대해 서서히 의식을 잃는 만성적 질환과 같이 비디오 게임 중독은 자신도 모르는 사이에 걸려드는 것이다. 중독은 일상생활의 활동에 대한 욕구를 잃게 한다. 즉, 청구서를 잊어버리고 인간관계를 무시하며 운동하는 것을 잊고 모임을 빠지며 병가를 내는 날이 늘어나고, 직업을 잃으며 잠이 줄어들고 학업 성적이 나빠지며 취미 생활도 흥미를 잃게 한다. 비디오 게임 중독이 문제라는 것을 개인이 인식할 때쯤이면 그 게이머는 처음 게임을 시작하는 사람과 거의 닮지 않는다. 비디오 게임 중독자는 정서적으로, 영적으로, 신체적으로 병이 든 것이다. 만약 비디오 게임 중독이 실제 있는 그대로 질병으로 인식되지 않는다면 보다 많은 사람이 기회를 잃고 인간관계를 망치며 심지어 극단적인 경우는 사망에 이를 수 있다. 비디오 게임 중독은 매우 사실적인 것이고 이것을 더 빨리 깨달을수록 우리는 그것의 급속한 증가를 더 빨리 늦출 수 있을 것이다.

CHAPTER **13**

혼자가 아니다

50대의 성인 게임 중독자의 인터넷 별명인 리합게이머는 완전한 오락적 마약을 위한 요리법을 상상한다. 그것은 당신 외의 다른 어떤 사람을 위해 고안된 것이 아니다. 당신이 필요하고 원하는 모든 것이 적당한 양으로 섞여 한 덩어리가 된다.

① 현실로부터 삶의 문제나 관심사에 대해 생각하지 않는 데로 도피의 두 컵
② 쾌락의 중심부를 자극하는 잘게 자른 보상의 한 컵. 원하는 결과를 높이기 위해 다른 게이머들로부터 긍정적인 반응을 약간 추가하라.
③ 당신이 되고자 하는 사람이 되는 완전한 유기농 환상의 8온스. 당신의 인터넷 페르소나와 함께 당신의 정체성을 증가시킬 아바타를 의인화하는 것을 잊지 말라.
④ 활동에 전적으로 참여하고 시간의 경과를 확실히 잃어버릴 자극과 도전의 2온스
⑤ 친구가 되서 결핍된 관계를 보충할 수 있고 무엇이든 할 준비가 된 세 명의 사회적 집단. 이런 집단과 현실 삶에서 가졌던 어떤 것을 초월할 수 있는 깊은 유대감을 발달시켰는지를 확인하라.
⑥ 맛볼 수 있는 성취의식을 추가하라. 이것은 쾌감에 더해지고 만족감을 확인시켜 준다.
⑦ 강해진 느낌을 갖기 위해 새싹을 자르기(즉, 게임에서 새로운 게이머

들을 지배하거나 죽이기).

가상적인 그릇과 혼합제 속에 이 모든 재료를 합쳐라. 원하는 맛이 보충되도록 그것들이 잘 섞였는지 확인하라. 그러고는 천천히 구우라. 너무 빨리 그것을 요리하길 원치 않으면 그것은 타게 되고 당신은 새로운 마약을 만들어야 할 것이다. 또한 그것을 오븐에 낮은 온도로 그대로 두고 당신이 원할 때마다 따뜻하게 먹을 수 있도록 하는 것이 가장 좋다는 것을 유념하라. 그것은 결코 실제로 되지 않고 당신이 요리를 많이 할수록 그것은 맛이 더 좋아질 것이다.

비디오 게임 중독의 다음 이야기들은 실화이고 게임 중독자들이 완전한 오락적 마약을 위해서 그들 자신의 요리법을 어떻게 만들고 그들의 삶을 어떻게 파괴하도록 허용하는지를 표현한다.

1) 평면 테트리스 게임을 위해 수감된 남성

페이즈 춥다트는 자신의 휴대폰을 켜 놓고 있을 때 이집트 룩소에서 영국 맨체스터 공항으로 돌아가고 있었다.[1] 그는 승무원에게 두 번, 한 승객에게 한 번 휴대폰을 끄라는 경고를 받은 후에도 인기 있는 게임인 테트리스를 하고 있었고 이는 2000년도 항공기 운항에 논쟁을 불러일으켰다. 테트리스 게임을 하는 것에 대한 춥다트의 강박은 항공기의 안전을 위협한다는 명목으로 배심원단에게 유죄판결을 받게 했다. 춥다트는 4개

1) CNN. "Man Jailed for Playing Tetris Game." CNN World. September11, 2002. http://edition.cnn.com/2002/world/europe/09/10/uk.plane.mobile/. Accessed September 11, 2011.

월간 수감되었다.

심지어 테트리스와 같은 단순한 게임도 게이머들이 아주 중독적으로 느낄 수 있는 위험과 보상 체계를 포함하고 있다. 만약 물어본다면 이 이야기 속의 남성이 교도소에서의 넉 달이 게임을 계속하도록 싸워서 높은 점수를 얻을 만큼 가치가 있다고 말하지는 않을 것처럼 보인다. 그러나 비행기 안에서 중독에 붙잡혀 그에게는 게임보다 더 중요한 어떤 것도 없었다.

2) 황금을 위해 농사 짓도록 강요당한 재소자들

〈월드 오브 워크래프트〉 게임에서 게이머들은 게임을 하기 위해 가상 황금이 필요하다. 가상 황금은 게이머들에게 그들의 장비(갑옷과 무기)를 업그레이드하고 그들의 기술을 향상시키며 비디오 게임에서 새로운 기술을 얻도록 허용해 준다. 황금 농사는 게임에서 충분한 황금을 모아 성공적일 수 있도록 게임을 하는 데 많은 시간을 들이면서 가상 황금을 얻기 위한 행동인데, 부업을 갖는 것과 동등할 정도로 시간 투자를 요구할 수 있다. 내가 처음 〈월드 오브 워크래프트〉를 했을 때 게임을 시작하고 두 달이 되어서야 겨우 게임에서 처음 금 조각을 보았다. 나는 금을 얻기 위해 필요한 상당한 시간 투자에 좌절했다. 나는 〈월드 오브 워크래프트〉의 황금을 위한 100개의 〈월드 오브 워크래프트〉 금 조각을 100불에 팔겠다고 제안한 인터넷 출처를 찾았다. 나는 100불을 주었고 24시간 안에 서버에서 다른 게이머로부터 가상 황금을 내 계좌로 받았다. 비디오 게임에서만 존재하는 가상 황금에 대한 요구는 2007년도에 300만 불에서 400만 불 정도로 추산되었다.[2)]

2011년 가디언 뉴스의 한 기사는 〈월드 오브 워크래프트〉의 가상 황금에 대한 높은 요구와 황금 농사가 얼마나 큰 수입이 될 수 있는지 알리면서, 재소자들이 거의 희미하게 보일 때까지 한 번에 몇 시간 게임을 하도록 강요를 받는다고 보도했다.[3] 중국에서 주야로 신체 노동을 하는 거의 300명의 재소자들이 가상 황금을 얻기 위해 〈월드 오브 워크래프트〉 게임을 하도록 강요를 받았다. 만약 그들의 배당을 맞추지 못 하면 재소자들은 플라스틱 파이프로 잔인하게 매를 맞았다.

3) 소셜 미디어에 대한 중독

신디아는 페이스북에 중독되었다.[4] 신디아는 그녀의 12세 된 딸이 숙제를 도와달라고 부탁했을 때 페이스북을 하느라 너무 바빠서 도와줄 수가 없다고 대답했다. 그래서 그녀의 딸은 2층 그녀의 방으로 올라가 엄마에게 도움을 청하는 메시지를 페이스북으로 보냈다. 신디아는 "나는 중독자예요. 나는 페이스북에서 헤매고 있어요. 내 딸은 나에게 몹시 화가 났어요. 사실 그건 좀 마음이 아파요. 내가 특별히 자랑할 만한 어떤 것이 있는 것은 아니에요. 나는 단지 그것에 너무 빠졌을 뿐이에요."

2) Jimenez, Cristina. "The High Cost of Playing Warcraft." http://news.bbc.co.uk/2/hi/technology/7007026.stm. BBC News. Accessed September 4, 2011.

3) Vincent, Danny. "China Used Prisoners in Lucrative Internet Gaming Work." *Guardian News*. May 25, 2011. http://www.guardian.co.uk/world/2011/may/25/china-prisoners-internet-gaming-scam. Accessed September 4, 2011.

4) Cohen, Elizabeth. "Five Clues That You Are Addicted to Facebook." CNN Health. April 23, 2009. http://article.cnn.com/2009-04-23/health/ep.facebook.addict_1_facebook-page-facebook-world-social-networking?_s=pm:health. Accessed September 4, 2011.

신디아는 SNS에서 한 주에 20시간 정도를 보낸다. 그녀는 페이스북 사용을 줄이려고 했지만 실패하고 말았다. 페이스북 중독에 대한 어떤 통계가 없지만 치료자들은 사회적 관계 형성에서 사회적 역기능으로 넘어간 신디아와 같은 보다 많은 사람을 만나고 있다. 노스캐롤라이나 주 그린스보로의 부부가족 치료사인 파우라 파일은 "지난 금요일 나는 내 사무실에서 페이스북 문제를 가진 세 명의 내담자들을 만났어요. 그것은 강박증으로 바뀌었는데 현실 세계에서 분리되어 페이스북의 세계로 들어가 사는 강박증이에요."라고 말했다.

소셜 미디어에 대한 중독은 사회적 상호작용의 양 대 사회적 상호작용의 질의 개념에 의존한다고 나는 생각한다. 앞에서 언급했듯이 3만 명의 게이머들을 조사한 바에 따르면, 인터넷 게임을 하는 남성들의 거의 40%와 여성들의 53%가 현실 삶의 친구들보다 가상 친구들이 동등하거나 더 낫다고 말했다.[5] 인터넷 교제가 사람들에게 가치가 있지만 그 질은 면대면의 만남만큼 가치가 있는 것은 아니라는 것이 분명하다. 또한 실제 삶에서보다 인터넷 화면에서 더 잘생기게 보이는 것이 쉽다. 사람들은 자신의 가장 좋은 면들과 가장 잘 나온 사진들을 내놓는다. 소셜 미디어 사이트에서의 교제는 현실 삶의 교제와 같은 정서적 가치를 만들어 내지 않지만 얼굴을 보는 것보다 사이트에서 교제를 하는 것이 더 쉽다. 불행하게도 어떤 사람들에게는 소셜 미디어가 실제 삶의 관계보다 인터넷에서 더 많은 시간을 보낼 만큼 충분히 기분 좋게 해 주는 요인을 제공한다.

5) Alter, Alexandra. "Is This Man Cheating on His Wife?" Wall Street Journal. August 10, 2007. http://online.wsj.com/article/sb118670164592393622.html. Accessed August 27, 2011.

4) 강간과 살인

〈월드 오브 워크래프트〉에서 많은 시간을 보낸 두 명의 십대 청소년들이 순진한 18세 소녀의 잔인한 살인을 계획하고 저질렀다. 그녀를 빈집으로 유인한 후 성폭행하고 살해했다. 그러고는 시체를 숲 속으로 끌고 가서 불에 태웠다. 살인을 하고 나서 그들은 〈월드 오브 워크래프트〉의 다른 게이머들에게 그 일을 자랑했다. 청소년들 중 하나는 그가 생각했던 방식이 아니라고 느꼈음을 인정한 반면, 가담한 다른 청소년은 어린 시절부터 누군가를 죽이는 것을 꿈꿨다고 말했다.[6)]

빅토리아 대학교의 심리학 교수인 보니 리드비터(Bonnie Leadbeater) 박사에 의하면, 어떤 아이들은 게임에서 받아들여질 수 있는 어떤 것이 현실 삶에서는 허락될 수 없다는 것을 아는 데 어려움을 갖는다. 리드비터 박사는 "당신은 어떤 공격적인 아이가 비디오 게임의 환상을 갖고 그것을 현실에 시도할지 모른다. 당신은 그런 아이들은 매우 드문 경우라고만 주장할 수 없다. 이런 징후는 일찍부터 갖고 있을 수 있다. 나는 이 두 소년을 전혀 모르지만 일반적으로 다른 아이들을 죽이려 하거나 이런 극단적인 방식을 저지르는 아이들은 일찍부터 문제를 갖고 있다."고 말했다.

이 연구는 폭력적인 비디오 게임들이 게이머들에게서 폭력적인 경향을 이끌어 내는지에 대해 결론을 내리지 않았다. 그러나 이 이야기는 흥미로운데 비디오 게임에 집착하거나 중독된 게이머들이 가상의 게임 세

6) Martinez, Edecio. "World of Warcraft Played Role in Rape, Murder of Canadian Girl Kimberly Proctor, Experts Say." CBS News. October 29, 2010. http://www.cbsnews.com/8301-504083_162-20021194-504083.html. Accessed September 4, 2011.

계와 현실을 합칠 수 있기 때문이다. 비디오 게임 중독이 사람들에게서 숨겨진 폭력 성향의 표현을 촉진시킬 수 있는가? 젠타일 박사는 "당신이 기대하는 것처럼 모든 연구가 정확하게 같은 결과를 보여 주지는 않지만, 우리가 전체적인 연구물을 살펴볼 때 폭력적인 비디오 게임을 하는 사람들이 특히 자극을 받을 때 폭력에 더 무감각해질 수 있고, 더 공격적인 감정과 더 공격적인 생각을 갖고 더 공격적으로 행동하려고 한다는 보다 많은 증거를 제시한다. 공격적인 비디오 게임 내용에 노출되는 것은 또한 협력적이고 친사회적인 행위를 감소시킨다."고 말했다.[7]

5) 엄마가 〈월드 오브 워크래프트〉를 하면서 세 살 딸을 소홀히 하고 죽이다

자신의 세 살 딸에게 먹을 것과 마실 것을 주지 않은 레베카 크리스티는 자신의 소홀함으로 아이를 굶주림과 죽음으로 몰고 간 후 25년형을 선고 받았다.[8] 아이의 엄마는 〈월드 오브 워크래프트〉를 하면서 과도한 시간을 컴퓨터 앞에 붙어 있었고 때때로 15시간 이상을 계속해서 게임을 했다. 레베카는 인터넷 게임을 하면서 자신의 아이를 돌보지 않았고 아이의 점진적인 기아와 죽음을 가져오고 말았다. 집은 넘쳐나는 쓰레기 봉지와 고양이 오줌 냄새로 악취가 진동했다. 아이는 고양이 사료를 먹었는데 집

7) Gentile D. "Editorial: Pros/Cons: Schwarzenegger V. Ema." Gamepro. October 8, 2010. http://www.gamepro.com/article/news/216849/editorial-pros-cons-schwarzenegger-v-ema/. Accessed September 7, 2011.

8) Associated Press. "New Mexico Mom Gets 25 Years for Starving Daughter." Fox News. June 3, 2011. http://www.foxnews.com/us/2011/06/03/new-mexico-mom-gets-25-years-for-starving-daughter/. Accessed September 4, 2011.

에 먹을 것이 거의 없었기 때문이다. 전에 인터넷 게임을 하면서 마우스를 클릭하며 몇 시간을 보냈던 레베카 크리스티의 손은 이제 그녀의 어린 딸의 피의 대가를 져야 한다.

이 슬픈 이야기는 비디오 게임 중독의 끔찍한 현실을 보여 준다. 비디오 게임 중독자에게 중요한 유일한 것은 디지털 세계다. 디지털 세계는 비디오 게임 중독자들의 가장 중요한 우선순위이고 그들의 개인적 정체성의 원천이다. 그들에게 현실 세계에서의 모든 것은 거의 중요하지 않다.

6) 가상 검으로 인한 살인

〈레전드 오브 미르〉란 게임은 마술 검을 사용하는 다양한 영웅과 악당이 등장하는 인기 있는 MMORPG다. 이 게임은 어느 순간에 세계적으로 1억 2천만 명의 게이머를 갖고 있다고 주장한다. 상하이의 인터넷 게이머 퀴 쳉웨이는 그의 경쟁자인 추 카오위안이 그의 가상 용검을 훔쳤다는 것을 알고서 경찰서로 가서 가상 검의 도난 사건을 보고하려 했지만 경찰은 조치를 취하지 않았다. 퀴는 스스로 행동을 취하기로 결정했다. 그는 추의 집으로 가서 그를 계속해서 칼로 찔렀고 디지털 세계에서만 존재하는 칼을 지키기 위해 그를 죽인 것이다. 〈세컨드 라이프〉와 같은 게임에서처럼 도난당한 가상 무기들과 소유물에 대해 현실 세계의 사법 제도를 통해 정의에 호소하려는 인터넷 게이머들을 보는 것은 보다 흔한 일이 되고 있다.[9)]

9) Finlayson, Amalie. "Online Gamer Killed for Selling Virtual Weapon." Sydney Morning Herald. March 30, 2005. http://www.smh.com.au/news/world/online-gamer-killed-for-selling-virtual-weapon/2005/03/30/1111862440188.html. Accessed September 4, 2011.

〈디아블로〉 게임에서 내가 처음 '조던의 반지'를 받았을 때와 비슷하게 나는 가상 물품에 큰 가치를 두었다. 귀한 게임 물품을 제공하는 비디오 게임은 확률과 도박 게임과 공통점을 갖고 있다. 게이머들은 마법을 지니고 있거나 희귀한 가상 물품에 때때로 한 물건에 수백 불을 지불할 정도로 엄청난 가치를 부여한다. 쿼의 이야기에서 그의 마법의 검은 극도로 귀한 것이었고 그것을 얻기 위해 그는 셀 수 없는 시간을 썼을 것이다. 비디오 게임 중독자에게 그것이 조던의 반지든 마법의 검이든 매우 귀중한 가상 물건의 분실은 심한 좌절, 슬픔 그리고 분노를 일으킨다. 비디오 게임 중독은 단지 디지털 세계에 존재하는 물건에 큰 가치를 두게 한다.

7) 엑스박스로 인한 살인

17세의 대니얼 페트릭은 그의 부모가 엑스박스와 〈헤일로 3(Halo 3)〉 게임을 빼어간 후 부모에게 총을 쏜 혐의로 붙잡혔다.[10] 대니얼은 부모가 그에게 비디오 게임을 하는 것을 금지했을 때 그의 어머니를 죽이고 그의 아버지에게 부상을 입혔다. 제임스 버지 판사는 그에게 어머니 살해와 아버지 살인미수에 대한 가중처벌로 유죄를 선고했다. 범죄를 저지른 날 밤에 대니얼은 비디오 게임을 되찾았고 살인을 저지르기 위해 아버지의 9밀리 권총을 사용했다. 그의 아버지는 아들이 방으로 들어와 "두 분 눈을 감아 주실래요? 깜짝 선물이 있어요."라고 말했다고 증언했다.

10) Harvey, Mike. "Teenager Daniel Petric Shot Parents Who Took Away Xbox." The Times. January 13, 2009. http://www.timesonline.co.uk/tol/news/world/us_and_americas/article5512446.ece. Accessed September 11, 2011.

그는 즐거운 깜짝 이벤트를 기대했지만 총격으로 그의 머리는 의식을 잃고 말았다. 십 대 아들은 아버지가 권총으로 자살을 한 것처럼 위장하기 위해 아버지의 손에 권총을 놓아두었다. 현장에서 도망칠 때 그는 단지 한 가지 물건만 가지고 갔다. 〈헤일로 3〉 비디오 게임.

이 아이는 게임에 대한 욕구에 너무 사로잡혀 계속 게임을 하기 위해 생각할 수 없는 일을 저지르고 말았다. 코카인 중독자와 같이 비디오 게임 중독자들은 계속 게임을 하려고 정상적인 정신으로는 결코 하지 않을 일들을 하기도 한다. 이 이야기가 극단적인 사례이긴 하지만 중독자들이 일을 빠지기 위해 아픈 체하고 약속을 저버리기 위해 사랑하는 사람들에게 거짓말을 하며 많은 다른 특징이 없는 행동들을 해서 그들이 디지털 마약을 계속 입수할 수 있도록 하는 것은 흔한 일이다.

8) 게임을 하고 나서 죽은 한국 남성

28세의 한국 남성이 50시간 동안 〈스타크래프트〉 게임을 한 후 쓰러졌다. 그는 최근 직장에서 해고를 당했는데 게임을 하느라고 일을 빠지고 있었기 때문이다. 게임을 너무 오랫동안 한꺼번에 하고 난 후 그는 신체적으로 탈진했고 제대로 먹지도 않으며 게임을 하면서 적절한 휴식을 취하지 않았다. 그는 게임 세션이 끝났을 때 의식을 잃었고 병원으로 실려갔지만 죽고 말았다. 그의 죽음은 탈진이 심장마비를 일으킨 것으로 추정되었다.[11]

11) One-Minute World News. "S. Korean Dies After Games Session." BBC News. August 10, 2005. http://news.bbc.co.uk/2/hi/technology/4137782.stm. Accessed September 4, 2011.

앞에서 비디오 게임을 하는 것이 뇌의 도파민 방출과 연결되어 있다는 증거를 제기했다. 도파민은 기분을 좋게 해 주는 중요한 신경전달물질이다. 도파민이 너무 적어지면 사람들은 우울해진다. 도파민은 사람들을 유쾌하고 행복하며 만족하게 느끼게 해 준다. 비디오 게임을 할 때 우리의 뇌는 도파민의 분출을 받아들여 우리는 기분이 좋아지고 행복해진다. 도파민이 뇌에 계속 유입되고 있는 한, 우리는 비디오 게임을 하면서 배가 고프다고 느끼거나 피곤하다고 느끼지 않는다. 이 한국 남성의 죽음은 게임을 하면서 사람이 기본적인 영양 섭취를 잊어버리는 비디오 게임 중독의 극단적인 경우를 보여 준다.

9) 〈월드 오브 워크래프트〉를 한 후 자살

〈월드 오브 워크래프트〉에 사로잡힌 한 소년이 24층 창문에서 뛰어내려 자살을 했다. 편지와 손으로 쓴 메모 내용을 읽은 뒤 부모는 아들이 게임에서의 장면을 재연한다면 그가 좋아하는 〈워크래프트〉의 나이트 엘프 영웅을 만날 수 있다고 생각했을 것이라고 믿었다.[12] 테트리스 효과는 가상 세계와 현실의 합일을 설명한다. 강박적이고 과도하게 비디오 게임을 하는 것이 심하게 중독된 게이머들로 하여금 옳고 그른 것을 분별할 수 없을 정도로 그들의 정신을 비뚤어지게 하는가?

게임과 관련된 이유로 자살한 손 울리의 이야기는 하나의 고립된 사건이 아니다. 이것은 새로운 세대의 새로운 중독이고 많은 부모는 자녀들의

12) Cheung, Humphrey. "Parents Blame Death of Son on World of Warcraft." TG Daily. November 22, 2005. http://www.tgdaily.com/business-and-law-features/21757-parents-blame-death-of-son-on-world-of-warcraft. Accessed September 4, 2011.

강박증 때문에 혼란을 겪고 있다. 그들은 이런 유형의 중독의 존재와 혹독함에 대처하는 데 어려움을 겪는다. 많은 부모는 마약, 알코올 그리고 다이어트가 심한 우울증과 심지어 자살 경향까지 이끌 수 있다고 교육받았다. 그러나 비디오 게임 중독에 대한 정보가 부족하여 많은 부모는 비디오 게임으로 치를 심각한 정서적 피해를 깨닫지 못하고 너무 늦어서 중독이 확실해졌을 때에야 비로소 개입을 한다.

10) 엑스박스 죽음

엑스박스를 12시간 이상 하고 난 후, 20세 남성이 오랜 시간을 앉아 있음으로써 발생하는 상태인 심정맥 혈전증(DVT)으로 죽었다. 보통 DVT는 늘 앉아 지내는 습관이 있는 노인들이 걸리는 질병이다. 이런 건강 문제는 20대에게는 극도로 희귀한 것이다. 이 청년의 아버지는 아들이 엑스박스를 위해 살았고 계속해서 몇 시간 동안 게임을 했다고 설명했다. 더 오랜 시간 게임을 하고 난 후 가슴에 통증을 호소했고 이 청년은 쓰러졌으며 의료진은 그를 구할 수 없었다. 그는 다리의 혈전이 정맥을 타고 폐 속으로 들어가 막혀 버린 폐색전을 일으켰다. 20세의 청년에게 치명적이고 비극적인 종말이었다.[13] 정서적인 부정적 결과 외에도 과도하게 비디오 게임을 하는 것은 심각한 신체적 건강 문제를 가져올 수 있다.

이 청년의 아버지는 아들이 엑스박스를 위해 살았다고 말했다. 궁극적으로 그는 그것을 위해 죽었다. 그가 게임을 하면서 얻은 만족이 자신의

13) Little, Emma. "Xbox Tragedy." The Sun. July 30, 2011. http://www.thesun.co.uk/sol/homepage/news/3723107/lad-of-20-is-killed-by-blood-clot-caused-by-playing-his-xbox-for-up-to-12-hours-at-a-time. Accessed September 5, 2011.

생명을 내던질 만큼 가치가 있었는가? 분명히 그것은 아니었다. 그러나 매일 전 세계의 젊은이들은 게임이 그들에게 주는 흥분과 맞바꾸기 위해 며칠, 몇 달, 심지어 몇 년 동안의 귀중한 삶을 내놓고 있다.

별개로 이 이야기들은 괴상하게 들리고 많은 사람은 비디오 게임 중독이 문제 요인이라고 믿지 않을 것이다. 이 이야기들을 함께 읽을 때 비디오 게임 중독이 심각한 두통, 비극 그리고 상실을 가져올 수 있다는 것은 명백하고, 이것들이 그쪽의 이야기들의 단지 일부라는 것이다. 나는 유사한 기사들을 수없이 포함시킬 수 있다.

중독의 심각성은 사람마다 크게 다르고 그 결과도 그렇다. 이 장에 나오는 이야기들은 폭력과 죽음을 불러일으킨 심각한 중독의 사례들이다. 약한 중독의 증상들은 급격한 체중 증가, 우울 그리고 의욕 상실과 같이 더 교묘할 수 있고, 그럼에도 불구하고 그것들은 피해를 주고 있는 것이다. 비디오 게임 중독이 아직 의학적 진단명으로 들어가 있지 않지만 이 점이 중독이 아니라는 것을 의미하는 것은 아니다. 많은 비디오 게임은 도박 행위와 공통점을 갖고 있다. 병적인 도박은 중독적 도박 행위의 사회적, 개인적 그리고 재정적인 부정적 결과에 관계없이 개인이 도박으로 도파민의 고조를 추구하는 충동 조절의 결여와 관련된 임상적 진단 규정과 함께 의학적인 상태로 간주된다. 미국에서 중독적 도박 행위를 치료하는 임상 프로그램들이 있다. 많은 비디오 게임이 게이머들에게 보상을 주기 위해 도박 전략을 사용하는데, 예를 들면 보스를 죽이고 무작위로 선물을 받는다. 무작위로 받는 이런 선물들은 실제 금전적 가치가 있는 귀한 물건들인데 때때로 수천 불이 되기도 한다. 이런 귀한 물건들을 얻으려면 더 많은 시간을 써야 하기에 게이머들은 게임에서 귀한 선물들에 엄청난 가치를 둔다. 도박에 중독되는 사람들과 비슷하게 비디오 게임의 설계가 카지노에서 보는 확률의 게임과 비슷하다면 어떤 사람들이 비디오 게임에 대한 충동장애를 발달시킬 수 있다는 것을 이해할 수 없단 말인가? 나는 이베이에서 〈디아블로〉와 같은 게임의 가상 물건들을 사고팔았던 개인적 경험에서 말하고 있다. 나의 '윈드포스 활'은 이베이에서 200불 정도의 가치가 있는 것인데, 보스를 죽인 후에 전설적인 활을 선물로 받으면서 내가 그것을 보았을 때 쇄도한 흥분은 격렬하고 놀라운 것이었다!

비디오 게임의 중독률은 여러 연구 집단과 더글러스 젠타일의 연구에 기초하여 세계적으로 8%에서 12%다.[14] [15] 문제는 일반적으로 사회에서 비디오 게임 중독의 장기적인 정신적이고 건강상의 위험 요인에 대해 교육을 받지 않는다는 것이다. 우리는 자녀들, 친구들, 배우자들 그리고 자기 자신에게서 어떤 경고 신호에 대해 주의해야 하는지를 가르치지 않는다. 비디오 게임은 때때로 무료이고 어디서나 이용할 수가 있으며 사람들은 열 명 중 한 명 꼴로 비디오 게임에 중독될 수 있는지 모른다. 비디오 게임 중독자들은 자신의 삶과 그들이 사랑하는 사람들의 삶을 파괴할 수 있다. 우리 사회가 이런 중독을 이해하고 그것을 방지하기 위해 활동하며 비디오 게임에 중독된 열의 한 명을 도와야 할 때다.

〈월드 오브 워크래프트〉를 했고 회복 중인 비디오 게임 중독자인 파트리아는 다음과 같이 말했다.

14) Gentile et al. "Pathological Video Game Use Among Youth: A Two-Year Longitudinal Study." *Pediatrics*, 2011, 127:E319-329.

15) Gentile D. "Computer and Video Game Addiction." http://drdouglas.org/issue01.html. Accessed September 5, 2011.

사회에서 우리는 비디오 게임 중독을 아직 이해하지 못했다. 내가 게임을 선택했을 때 나는 정말 몰랐다. 나는 50대였고 또 다른 마약을 선택하지 않아야 하는 것을 알 만큼 충분히 나이가 들었다. 그러나 게임은 재미있고 긴장을 풀어 주며 흥분시키게 해 주었고, 많은 활동이 필요하지 않은 어떤 것을 찾는 50대 여성에게 완벽했다. 그러나 어쩌면 좋아? 내가 중독이 되고 말았다. 놀랐지! 놀랐지! 이제 내가 알기 때문에 사람들이 아이들에게 게임을 주는 것을 볼 때 움츠리고, 게임에 대한 모든 광고를 볼 때도 움츠러든다.

의사로서 나는 비디오 게임을 하면서 눈을 깜빡이지 않기 때문에 안구건조증이 생긴 환자들을 본다. 비디오 게임 중독은 너무나 강한 행위 중독이어서 중독자는 눈을 깜빡이는 것, 먹는 것, 화장실 가는 것 그리고 개인적 위생을 돌보는 것을 하지 않는다. 게임 중독은 때때로 영양 결핍과 건강 문제와 연결되어 죽음으로 끌고 간다. 내 동료 중 하나는 자신의 8세 된 아이가 비디오 게임을 하는 동안 화장실 가려는 욕구를 참느라고 유아용 변기를 쓴다고 말했다.

마운트 시나이 의대의 에릭 홀랜더(Eric Hollander) 박사는 인터넷과 비디오 게임 중독은 신체 증상과 금단 현상과 연결될 수 있다고 분명히 말한다. 그는 때때로 비디오 게임 중독에 빠진 사람들에게 리튬과 같은 항우울제나 신경안정제와 날트렉손과 같은 약물차단제를 처방한다.[16] 미국 소아의학 학술지에 발표된 한 연구는 비디오 게임 중독이 다른 중독

16) CBS Segment Gaming Addiction (Video). Youtube. 2007. http://www.youtube.com/watch?v=ybasiri2gfu. Accessed September 5, 2011.

행위와 유사하게 몇 년 동안 지속될 수 있다는 것을 알았다.[17] 어떤 사람들은 게이머가 우울해지거나 사회 불안을 갖게 된다고 비디오 게임 중독을 비난한다. 그러나 소아의학 학술지의 연구는 비디오 게임 중독은 이런 형태의 장애와 전적으로 독립하여 존재할 수 있다고 알려 준다. 또 다른 연구는 인터넷 게임을 갈망하는 사람들은 중독 행위가 조절되는 전두엽의 대뇌피질에서 변화가 나타난다고 보고한다.[18] 비디오 게임 중독은 세계적인 위기가 되고 있다.

17) Gentile et al. "Pathological Video Game Use Among Youths: A Two-Year Longitudinal Study." *Pediatrics*. 2011 Feb; 127(2):E319-29. EPUB 2011 Jan 17.

18) Han et al. "Changes in Cue-Induced, Prefrontal Cortex Activity With Video Game Play." *Cyberpsychol Behav Soc Netw*. 2010 Dec; 13(6). EPUB 2010 May 11.

CHAPTER 14

중독을 끊기

비디오 게임에 중독된 사람이 치유 여정을 시작할 수 있기 위해서는 중독의 신호들을 먼저 인식해야 한다. 이 장에서 당신은 '비디오 게임'이란 용어를 '인터넷'이나 '소셜 네트워크 서비스'란 말로 대신 쓸 수 있다. '비디오 게임 중독'과 '인터넷 중독'은 아직 표준화된 체계에서 공식적인 의학 진단명이 아니다. 비디오 게임 중독에 관한 다음의 표시와 징후는 비디오 게임 중독자로서 나의 경험, 비디오 게임 중독자들을 돕는 치료자들과의 나의 인터뷰 그리고 다른 비디오 게임 중독자들과의 토론에 기초한다. 익명의 인터넷 게이머 사이트(www.olganon.org)에 따르면 비디오 게임 중독의 여러 징후가 있다.

- 게임에 쓴 시간을 추산할 수가 없음
- 연장한 시간 동안 게임을 하는 것을 조절할 수 없음
- 게임을 하는 동안의 쾌감
- 더 오랜 시간 게임을 하길 갈망함
- 가족과 친구들을 소홀히 함
- 게임을 하지 않을 때는 불안정하고 화를 잘 내며 불만에 빠짐
- 게임을 하는 시간 분량에 대해 거짓말을 함
- 학교나 직장에서의 업무 능력에 문제가 생김
- 게임을 하는 결과로 죄책감, 수치심, 불안 또는 우울을 느낌
- 수면 패턴에 변화가 생김

- 손목뼈 터널 증후군, 눈의 피로, 체중 변화, 요통 등과 같은 건강 문제
- 게임을 하는 것의 나쁜 결과에 대한 부인, 축소 그리고 합리화
- 현실 삶의 취미로부터 멀어지고 무시함
- 인터넷을 통한 성적 환상을 실행하는 것에 대한 집착
- 인터넷에서의 연애나 섹스를 찾기 위해 향상된 페르소나를 만들어 냄
- 게임을 하면서 컴퓨터 앞에서 식사를 하는 것이 증가함
- 게임 관련 사이트를 검색하는 시간이 늘어남
- 관심 없는 친구나 가족에게 비디오 게임에 대해 계속 대화함
- 친구나 가족에게 게임하도록 계속 설득하려 함
- 실제 돈으로 게임에서 쓰는 물건들을 구입함
- 다른 게이머들을 위해 밤을 샐 필요를 느낌
- 매일 몇 시간 게임을 하는 것을 합리화하기 위해 삶의 성취를 계속 제시함. 예를 들면, "나는 가족을 부양하고 있어. 그러니 내가 하고 싶은 만큼 게임을 해도 돼."

비디오 게임 중독의 다른 징후들은 더글러스 젠타일 박사의 아이오와 주립대학교의 연구에서 볼 수 있다.[1] 젠타일 박사의 연구는 다음의 질문들에 아이가 6개 또는 그 이상 예라고 대답하면 그 아이는 병적으로 비디오 게임에 중독되었다는 것을 의미한다. 다음의 질문들은 중독적인 도박 행위의 진단 기준에 기초한다.

1) Gentile D. "Pathological Video-Game Use Among Youth Ages 8 To 18." *Psychol Sci.* 2009 Jun; 20(6):785.

- 당신은 비디오 게임을 하며 배우고 또는 놀 수 있는 다음 기회를 계획하는 데 점점 더 많이 시간을 쓰고 있는가?
- 당신의 삶에서 다른 활동을 하는 것과 동일한 흥분을 느끼기 위해 당신은 비디오 게임에 더 많은 시간과 돈을 쓸 필요가 있는가?
- 당신은 더 짧은 시간 동안 비디오 게임을 하려고 했는데 소용이 없었는가?
- 당신은 비디오 게임을 하는 것을 줄이거나 그만두려고 할 때 불안해지거나 화가 나는가?
- 문젯거리들이나 부정적 감정으로부터 도피하는 방식으로 비디오 게임을 하는가?
- 얼마나 비디오 게임을 하는지에 대해 가족이나 친구들에게 거짓말을 하는가?
- 가게나 친구에게서 비디오 게임을 훔쳤거나 비디오 게임을 사기 위해 돈을 훔친 적이 있는가?
- 당신은 비디오 게임을 더 하기 위해서 집안일을 때때로 빼먹기도 하는가?
- 당신은 비디오 게임을 더 하기 위해서 숙제나 일을 때때로 빼먹기도 하는가?
- 당신은 비디오 게임을 하는 데 시간을 너무 많이 썼기 때문에 학교 과제, 시험 또는 직장 일을 형편없이 한 적이 있는가?
- 비디오 게임, 소프트웨어 또는 게임 인터넷 이용료에 돈을 너무 많이 쓰기 때문에 돈을 빌릴 가족이나 친구가 필요한 적이 있는가?

1) 비디오 게임으로 인한 금단 현상

익명의 인터넷 게임 사이트는 게이머들이 경험할 수 있는 어떤 금단 현상들은 매우 사실적이고 극단적일 수 있다고 지적한다. 나는 비디오 게임 중독이 고조되었을 때 이런 증상들의 대부분을 경험했다. 이런 증상들은 다음을 포함한다.

- 분노와 언어 폭력
- 공허감, 우울 또는 안도감
- 수면장애
- 게임을 하는 것에 대한 환상과 꿈
- 게임을 다시 하려는 욕구와 게임한 시간을 조절하려는 욕구
- 오랜 시간 게임을 하는 것에 대한 집착
- 난폭하고 통제되지 않는 기분 변화
- 과도하게 울거나 무서워하거나 짜증을 부리거나 불안정함
- 슬픔, 외로움 또는 권태감
- 새로운 활동이나 관심을 찾을 수 없음
- 삶의 동기나 목적의 부재
- 잠을 자는 데 과도하게 시간을 씀
- 책임을 직면하기가 어려움
- 게임으로 돌아감으로써 문제를 풀 수 있는 것으로 느낌
- 메스꺼움, 알레르기, 감기, 치질, 안구 건조, 배뇨장애, 변비
- 불안한 실현되지 않은 비웃는 꿈

당신이 사랑하는 누군가가 비디오 게임이나 인터넷에 중독이 됐다고 생각할 때 중독 행위를 자극할 수 있는 것을 치울 수 있도록 돕는 어떤 방법들을 대략 설명해 왔다. 이런 제안들은 나의 개인적 경험과 익명의 인터넷 게이머 사이트에서 찾은 토론과 조언 내용으로부터 나왔다.

- 만약 그 사람이 당신의 집에 살고 있다면 당신은 기본 원칙을 정해야 한다. 그것을 잊지 말라. 당신이 할 수 있는 최악은 중독 행위를 조장하고 가능하게 해 주는 것이다.
- 인터넷 접속을 끊으라. 만약 인터넷에 접속할 수 없으면 그들은 게임을 할 수 없다. 이것은 간단하게 들리지만 인터넷에 접속할 수 있으면 비디오 게임의 거대한 디지털 뷔페를 소개해 주는 것이다. 인터넷에서의 수입이 광고비로 들어오기 때문에 많은 게임이 무료로 제공된다. 게이머들은 게임을 시작하기 위해서 돈이 필요하지 않다. 비디오 게임 중독자들은 자기 절제를 할 수 있는 능력을 잃어버린 것이다. 그들은 개방된 인터넷 접속을 할 수 없다.
- 그 사람의 방에서 컴퓨터를 치우라. 당신이 게임을 얼마나 하는지를 감시할 수 있도록 집 안의 공적인 장소에 컴퓨터를 놓는 것을 생각해 보라. 모든 컴퓨터는 비디오 게임 중독자가 모르는 비밀번호로 잠금 장치를 해야 한다.
- 그 사람에게 더 높은 목적을 주라. 그 사람에게 다른 관심을 가질 취미에 집중하도록 돕고 하나님과 지지해 줄 수 있는 사람들과 관계를 가질 수 있도록 교회나 소집단을 시도해 볼 수 있게 하라.
- 어떤 방식이든 게이머들이 가능하게 하지 말라. 인터넷 통신비를 지불하지 말라. 게임 이용료를 내주지 말라. 그들이 아프다고 대신 전

화해 주지 말라. 그들이 게임을 하는 동안 음식을 컴퓨터 앞에 갖다 주지 말라. 세탁을 해 주거나 그들의 방을 청소해 주지 말라.

- 만약 우울증이나 다른 정신질환이 있다고 의심이 된다면 신속하게 전문적인 의학적 도움을 받으라. 앞에서 예시되었듯이 게임을 하는 것과 자살은 연결되어 있다. 만약 그 사람이 자살 생각을 하는 것 같다면 빨리 도움을 청하라.
- 금단 증상에 유의하고 전문적인 의학적 도움이 필요한지 신경 쓰라.
- 자녀들을 대학으로 보내기 전에 가능하다면 자녀에게 게임 중독에 대해 이야기하라. 그들이 살게 될 곳을 방문하라. 그들이 인터넷에 접속하는가? 게임 중독자들이 부모의 집을 떠난 후 급속히 통제 불능 상태로 떨어지는 경우가 흔한데 갑작스러운 자유와 스스로 게임을 하는 것을 규제할 수 없기 때문이다. 그래서 어떤 중독된 대학생들은 장학금을 못 받게 되거나 심지어 퇴학을 당하기도 한다.
- 만약 그 사람이 자신의 집이 있고 경제적으로 독립했다면, 게임 중독에 관한 기사들을 프린터로 뽑아 보도록 하고 그 사람에게 이 책을 한 권 주거나 익명의 인터넷 게이머 사이트를 알려 주라. 그러나 이런 노력들은 게이머가 문제가 있다는 것을 인정하고 도움을 받아들이려고 하지 않는 한 소용없다는 것을 유념하라. 당신은 말을 물가로 끌고 갈 수는 있지만 말에게 물을 마시게 할 수는 없다.
- 친절하고 이해심을 가지라. 이 게임들은 유혹적이고 중독적이도록 고안되었다. 만약 게임이 중독적이지 않으면 돈을 벌 수 없다.
- 게임 중독자가 나쁜 사람이 아니라는 것을 기억하라. 중독의 이런 특성은 하나의 질병이고 동정이 중요하다.
- 가족이 함께 비디오 게임을 하여 사회적이고 팀 이벤트가 되게 하라.

다만 게임 시간의 제한을 두라.

게임 중독과 싸우는 가장 좋은 방법은 예방이다. 우리는 과도하게 비디오 게임을 하는 것의 위험성에 대해 교육을 받아야 한다. 자녀에게 어린 나이에 게임을 하고 너무 오래 하도록 허용하는 것은 중독 행위를 강화시킨다. 사회적으로 우리는 디지털 안정제로 비디오 게임과 인터넷을 사용하는 것을 중단해야 한다. 우리는 비디오 게임 중독의 위험성에 대해 아이들과 성인들에게 교육을 시키고 책임 있는 사용을 장려할 필요가 있다.

나는 비디오 게임에 중독된 사람들이 전문적인 도움을 받도록 격려한다. 금단 증상, 우울, 불안 그리고 게임 중독과 관련된 다른 증상들을 돕기 위해 의사의 감독하에 항우울제, 리튬, 날트렉손이 사용될 수 있다.[2) 3)] 심리치료는 게임 중독자가 고통스러워하고 있는 근본 원인을 찾아내는 데 도움이 된다. 근본 원인을 찾아내는 것이 중독 행위로 이끄는 문제들을 이야기하도록 촉진시킬 수 있다. 중독에 깊이 빠진 게임 중독자에게 전문적인 개입이 필요하고 강하게 권고를 한다.

게임 중독자는 행위 중독으로 이끄는 근본 원인을 이야기해야 한다. 그렇지 않으면 재발될 수 있다. 여러 해 동안 교회에서 결혼 코칭 프로그램과 셀러브레이트 리커버리(Celebrate Recovery)의 리더로 훈련하고 활동

---

2) Han et al. "Bupropion Sustained Release Treatment Decreases Craving for Video Games and Cue-Induced Brain Activity in Patients with Internet Video Game Addiction." *Exp ClinN Psychopharmacol.* 2010 Aug; 18(4):297-304.

3) CBS Segment Gaming Addiction 〈Video〉. Youtube. 2007. http://www.youtube.com/watch?v=ybasiri2gfu. Accessed September 5, 2011.

하면서 중독의 근본 원인이 개인적인 깊은 상처, 습관 그리고 콤플렉스라는 것을 알았다. 우리 모두는 변동적인 정서적 짐을 갖고 있다. 어떤 사람은 그것을 내려놓을 수 있지만 다른 사람들은 그것을 계속 붙들고 있다. 우리가 그런 짐들을 찾아내고 이야기하기 전까지는 우리가 붙들고 있는 그것들이 우리에게 영향을 주게 된다. 만약 어떤 사람이 아이였을 때 학대를 당했고 현실 삶에서 자신감을 개발할 수 없었다면 그 사람은 자신이 지배력을 가질 수 있는 비디오 게임에 의지할 수 있다. 그러나 학대의 문제를 이야기하지 않는 한, 비디오 게임 중독은 재발되고 도피를 위한 디지털 세계에 의존하는 일이 계속된다. 중독자는 한 가지 중독을 또 다른 중독과 맞바꾸어 마약, 알코올, 음식 또는 다른 해로운 중독 행위에 의지하기도 한다.

나는 중독자들에게 만약 하나님이 그들의 삶의 한 부분이 아니고 그들이 아직 하나님을 하나의 선택으로 생각해 보려고 하지 않는다면 세속적인 세상이 제공하는 방법들을 시도해 보라고 격려한다. 그러나 만약 게임 중독자나 중독 행위를 돕는 데 그러한 방법으로 성공하지 못한다면 이 장의 전체 내용을 열린 마음과 심정으로 읽고 하나님이 도우시기를 허락하라. 하나님은 게임 중독과 다른 행위 중독의 근본 원인과 연결된 과거의 상처, 습관, 콤플렉스를 치유하실 것이다.

비디오 게임을 일주일에 40시간에서 50시간을 10년 동안 하고 계속 재발한 후 내게 효과가 있었던 유일한 것은 마음, 신체, 영혼이 강해지는 것이었다. 만약 한 부분이 약하면 다른 두 부분이 나를 파괴시켰다. 만약 나의 마음이 교육을 받지 않았다면 나는 바보였을 것이다. 만약 나의 신체가 약했다면 나는 건강 문제로 고생했을 것이다. 만약 나의 영혼이 약했다면 나는 정서적인 짐 보따리를 지고 있는 깡패였을 것이다. 이제 나는 지식에 대한 나의 갈망을 채우고 끊임없이 새로운 것들을 배움으로써 나의 마음을 강하게 했다. 나는 건강하게 먹고 운동을 함으로써 질병이 없는 신체를 유지한다. 나의 영혼을 채우기 위해 내가 발견한 유일한 것은 예수를 따르고 나를 위한 그의 계획을 좇음으로써 하나님에게 겸손하게 복종하는 것이다.

내게 회복의 길은 전적으로 내가 하나님을 찾는 데 달려 있었다. 내가 무신론자 또는 불가지론자였을 때, 나는 나를 기분 좋게 만들어 주는 것—내 인생의 9년 넘게 완연한 게임 중독에 빠지게 했던 것—을 통해 나 자신에 대한 사랑과 목적을 찾는 데 내 시간을 썼다. 다른 사람들은 그들의 중독이 도박, 흡연, 체중 감량, 탐식, 알코올 또는 약물일 수 있다. 나의 중독은 디지털 환상의 세계로 내가 도망칠 수 있도록 해 주었던 비디오 게임이었다. 그러나 나는 인정과 진실하고 완전한 사랑으로 내 속의 깊은 욕구를 채워 줄 수 있는 어떤 평화도 느낄 수 없었다. 나는 나의 중독을 고치거나 통제할 수 있는 능력을 내 속에 갖고 있다고 믿었다. 하지만 내가 틀렸다.

결국 하나님이 나의 가치와 목적을 알도록 도우셨다. 나는 처음 성경 연구를 위해 릭 워렌이 쓴 『목적이 이끄는 삶』이란 책을 읽었다. 이 책의 내용을 통해 하나님은 내게 열정을 찾도록 도우셨고 그래서 나의 꿈을 발견하고, 하나님의 사랑을 깨달으며 내 삶에 대해 하나님이 갖고 계신 계획을 깨닫도록 도우셨다. 이런 깨달음이 있고 난 후 나는 마침내 비디오 게임을 하는 것을 중단했고 하나님을 경외하는 활동에 나의 시간을 집중하기 시작했다. 나는 나의 가족에 헌신하기 시작했고 아내에게 나의 사랑을 더욱 표현하며 아이들을 가르치는 것을 돕고, 다른 사람들을 섬기기 위한 유산들을 만들기 시작했다. 나는 참여하는 규칙으로 성경을 사용하면서 실제 삶의 게임을 하였다. 그것은 거의 즉각적이었는데 비디오 게임 대신 하나님에게 내 마음의 중심을 집중하자마자 오랫동안 내가 그렇게 이기적으로 파괴했던 것을 복구하면서, 나는 나의 옛 자기를 허물기 시작했고 하나님에게 나의 진실한 영혼을 드러내는 것을 허용했다. 나는 하나님의 품 안에서 전적인 수용과 안전을 찾았다. 그는 내가 한 인간으로 찾았지만 내 힘으로 찾을 수 없었던 모든 것을 나에게 공급해 주었다. 곧 나는 내 마음을 마비시키고 도피하기 위해 또는 하루를 끝내기 위해 중독에 의지하지 않아도 된다는 것을 깨달았다. 내가 삶의 목적을 찾게 되면서 전능하신 하나님의 더 높은 부름에 응하고 나의 삶은 날마다 축복받기 시작하였다.

비디오 게임 중독과 금단 현상의 신호와 증상들이 제기되었으므로 문제를 이야기하고 치유를 촉진시키는 방법을 찾는 것이 시급하다. 삶에서 하나님이 내게 주신 목적을 이해한 것에 덧붙여 나는 사람들에게 영향을 주고 그들이 중독 성향으로 돌아가도록 이끄는 모든 상처, 습관, 콤플렉스를 이야기하는 데 집중하는 셀러브레이트 리커버리 모임에 참석하면서 지원을 받았다. 셀러브레이트 리커버리는 새들백 교회의 존 베이커(John Baker) 목사와 릭 워렌 목사가 개발한 프로그램이다.[4] 미국 전역에 수천 개의 셀러브레이트 리커버리 프로그램이 있고 이 프로그램은 매우 성공적이다. 나는 하나님 안에서 갖게 된 목적으로 나가게 되어 자유로워졌고 하나님의 기대에 응하는 것이 쉽다는 것을 알았다. 하나님 안에서 나는 중독과 싸울 힘과 나의 꿈을 좇을 힘을 갖게 되었다. 나는 이것을 할

4) Celebrate Recovery Website. http://www.celebraterecovery.com/. Accessed September 4, 2011.

힘을 갖게 되었을 뿐 아니라 그가 나에게 주신 소명 때문에 그것을 기쁘게 할 수 있게 되었다.

셀러브레이트 리커버리 프로그램에서 12단계는 중독에 대한 전투를 싸우고 이기는 것의 열쇠였다. 나는 게임과 인터넷 중독자들에게 그들의 회복을 도울 수 있는 지역 프로그램을 찾으라고 격려한다. 직접 만나 주는 후원자, 책임감 있는 파트너 그리고 지역의 지원이 없다면 중독과 싸우는 것은 어렵다. 익명의 알코올 중독자(Alcoholic Anonymous)의 12단계 프로그램을 기반으로 하여 셀러브레이트 리커버리의 성공은 예수 그리스도에 초점을 맞추는 것에 기인하고 그 단계들은 성서적인 배경에 기초한다.

셀러브레이트 리커버리가 시작된 이후 새들백 교회에서 만 명 이상의 사람들이 프로그램을 수료했고 그리스도의 능력으로 그들의 상처, 습관, 콤플렉스에 대한 승리를 얻었다. 이 프로그램은 1만 7천 개 이상의 교회에서 도입되어 70만 명의 사람들이 프로그램을 마쳤다. 셀러브레이트 리커버리는 알코올 중독자들, 공동의존자들, 식이장애를 가진 자들, 성 중독으로 어려움을 겪는 자들, 분노 조절이 필요한 자들, 과거 또는 현재의 신체적 또는 성적 학대 문제들을 겪고 있는 자들, 재정적 회복이 필요한 자들 그리고 더 많은 집단들을 위한 프로그램이다. 요컨대 어떤 종류의 상처, 습관, 콤플렉스를 가진 사람들은 이 프로그램을 통해 도움을 찾을 수 있다.

2) 셀러브레이트 리커버리의 12단계

나는 이 열두 단계를 게임 중독에 관련된 나의 삶에 적용했다. 나는 이런 단계들의 구분이 다른 게임 중독자들이 그들의 중독으로 인한 고통을 이야기하도록 돕기를 바라고 기도한다.

① 우리는 중독과 강박 행위에 대해 우리가 무력하고 우리의 삶을 통제할 수 없게 되었음을 인정했다. (로마서 7:18 – 내 속 곧 내 육신에 선한 것이 거하지 아니하는 줄을 아노니 원함은 내게 있으나 선을 행하는 것은 없노라)

이 강박적이고 중독적인 행위는 너무 강해서 우리가 그것에 대해 무력하다는 것을 인정하지 않으면 우리는 궁극적으로 기술 문명이 우리를 지배하도록 할 것이다. 예수는 인간이 두 주인 중에서 단지 한 주인을 섬길 수 있다고 가르쳤다. 만약 인간이 한 주인을 섬기면 다른 주인은 피해야 한다. 우리 중에 어떤 사람들은 적당히 게임을 하는 것이 단순히 가능하지가 않다. 게임은 잘 쓰일 수 있다. 사람들에게 손과 눈이 협응하도록 도울 수 있는 어떤 것이 있고 학습을 촉진시킬 수 있는 어떤 것이 있다. 단순하게 오락으로 적당히 놀 수 있는 사람들이 있다. 그러나 수백만 명의 중독자들에게 게임의 욕구가 심각한 중독이 되고 우리 힘으로는 부족하고 게임 중독에 대해 항상 무력해진다는 것을 명심해야 한다. 우리가 기술 문명이 우리를 지배하는 주인이 되도록 허락하지 않고 과학기술과 비디오 게임을 잘못된 우상으로 숭배하는 것을 피해야 한다.

② 우리는 우리 자신보다 더 큰 어떤 힘이 우리를 온전한 정신으로 회복시킬 수 있다는 것을 믿게 되었다. (빌립보서 2:13 – 너희 안에서 행하시는 이는 하나님이시니 자기의 기쁘신 뜻을 위하여 너희에게 소원을

두고 행하게 하시나니)

인간으로서 우리는 약하다. 우리는 질병에 감염될 수 있고 상처를 입을 수 있으며 유혹을 받을 수 있고 죽음을 당할 수 있다. 그러나 우리가 우리 자신보다 더 큰 어떤 힘이 있다는 것을 알 때 우리는 자신감을 갖고 희망을 품고 살아가므로 큰 위로와 강함을 얻을 수 있다. 우리는 전진할 수 있는 능력을 갖고 있다. 더 높은 힘은 하나님이어야 한다. 사람들이 진정한 힘이 아닌 더 높은 힘을 선택할 때 재발이 불가피하다. 심지어 다른 사람들도 더 높은 힘일 수가 없다. 사람들은 불완전하다. 그들은 때때로 실패할 것이고 우리에게 상처를 줄 수도 있다. 하나님은 항상 완전하다. 그는 사랑이 깊고 선하시다. 그는 우리를 온전한 정신으로 회복시킬 수 있는 더 높은 힘이다.

③ 우리는 우리의 뜻과 우리의 삶을 하나님의 돌보심에 맡기기로 결정했다. (로마서 12:1 - 그러므로 형제들아 내가 하나님의 모든 자비하심으로 너희를 권하노니 너희 몸을 하나님이 기뻐하시는 거룩한 산 제물로 드리라 이는 너희가 드릴 영적 예배니라)

우리가 우리의 삶을 통제하고 있지 않다. 만약 우리가 더 높은 목적을 깨닫고 하나님을 의지한다면 시련이 우리에게 닥칠 때 우리는 한탄하고 불평하길 시작하지 않을 것이다. 대신 우리는 그런 시련이 만들어지고 배우며 도전받고 일어나 인간의 눈이 아닌 하나님의 눈 안에서 창조된 대로 될 수 있는 기회로 볼 것이다. 우리가 직면한 도전은 우리가 과거의 모습보다 더 나아지도록 우리를 도울 것이다. 예를 들면, 열이나 압력이 없는 석탄 덩어리는 그저 석탄 덩어리일 뿐이다. 그러나 열과 압력의 적절한 배합이 추가되면 석탄 덩어리는 아름다운 다이아몬드로 변형될 수 있는 가능성을 지닌다. 우리가 삶에서 경험하는 열과 압력과 우리가 그것들을 사용하는 방식은 우리를 더 좋은 사람들로 만드는 세력이다. 하나님을 의지함으로써 그 속에서 어떤 좋은 것이 나올 것이라고 알게 되므로 우리는 우리의 고난을 직면할 수 있다.

④ 우리는 우리 자신에 대한 면밀하고 두려움 없는 도덕적 일람표를 만들었다. (예레미야애가 3:40 – 우리가 스스로 우리의 행위들을 조사하고 여호와께로 돌아가자)

이 단계의 열쇠는 우리가 어디서 왔고 왜 이 중독 성향을 갖게 되었는지를 알기 위해 우리 자신에 대해 끊임없이 탐색하는 것이다. 내 경우에 나는 나의 아동기를 살펴보고 상처, 불안정, 사랑에 대한 갈망, 충족되지 않았던 다른 욕구들을 지적할 수 있다. 자신에 대한 정직한 탐색과 중독으로 이끈 문제들을 인정하지 않으면 나는 앞으로 나갈 수 없고 과도하게 게임을 하는 것에 대한 전투를 이길 수 없다.

⑤ 우리는 하나님, 우리 자신, 다른 사람에게 우리의 잘못을 있는 그대로 인정했다. (야고보서 5:16 – 그러므로 너희 죄를 서로 고백하며 병이 낫기를 위하여 서로 기도하라 의인의 간구는 역사하는 힘이 큼이니라)

우리는 우리가 저지른 잘못과 게임 중독이 다른 사람들에게 상처를 준 것을 인정해야 한다. 우리가 이것을 인정할 수 없다면 우리는 결코 치유

할 수가 없다. 이것은 우리가 잘못을 저질렀고 다른 사람들에게 상처를 주었다는 것을 그들에게 인정하는 용기와 겸손을 요구한다. 이 단계를 받아들임으로써 우리는 겸손하게 전진하도록 자유로워진다.

⑥ 우리는 인격의 이런 모든 결함을 하나님께서 제거해 주시도록 할 각오가 전적으로 되었다. (야고보서 4:10 – 주 앞에서 낮추라 그리하면 주께서 너희를 높이시리라)

당신이 하나님께서 인격의 결함을 제거해 주시도록 할 준비가 되어 있다면 하나님께서 하실 것이다. 당신은 사랑, 자신감 그리고 안정감을 느낄 것이다. 당신은 건강한 자아를 얻을 것이고 당신뿐 아니라 당신 주변의 다른 사람들을 도울 수 있는 더 좋은 리더가 될 것이다. 하나님의 사랑을 알게 되면서 나는 하나님이 바라보시는 눈길 속에서 내가 누구인지 알게 되었고 나의 자신감과 자아를 위해 다른 사람들의 의견에 의존하지 않게 되었다. 이것은 반직관적인 것이고 하나님을 믿고 의지함으로써 우리는 능력, 자신감, 놀라운 자유를 발견한다.

⑦ 우리는 겸손하게 우리의 모든 결함을 제거해 주시기를 하나님에게 구했다. (요한일서 1:9 – 만일 우리가 우리 죄를 자백하면 그는 미쁘시고 의로우사 우리 죄를 사하시며 우리를 모든 불의에서 깨끗하게 하실 것이요)

겸손해지는 것이 우리 자신의 이기적인 욕구를 없애고 하나님이 우리에게 주신 빛 가운데로 걸어가는 열쇠다. 우리는 우리가 망가진 인간임을 고백해야 하고 날마다 하나님께서 우리를 치유해 주시기를 그리고 우리가 자신의 결함을 정면으로 직면할 수 있도록 도와주시기를 구해야 한다. 우리가 겸손해질 때 하나님께서 우리를 들어 올리신다. 하나님은 한결같고 결코 변함이 없다. 그는 우리의 자아, 능력, 자유의 근원이다.

⑧ 우리는 우리가 피해를 주었던 모든 사람의 목록을 만들었고 그들 모두에게 보상을 하려고 했다. (누가복음 6:31 - 남에게 대접을 받고자 하는 대로 너희도 남을 대접하라)

나는 아내, 아이들, 확대가족, 친구들, 심지어 내 전문직 영역의 사람들에게도 피해를 주었다. 이 단계가 처음에 어려웠던 만큼 일단 내가 그것을 하자 나는 자유와 평화를 느꼈다. 내 중독의 무게가 나에게서 들어 올려졌고 나는 앞으로 나갈 수 있었으며 치유와 성장을 위한 과정을 밟을 수 있었다.

⑨ 우리는 그런 사람들에게 그렇게 할 때 그들이나 다른 사람들에게 피해를 줄 수 있을 때를 제외하고 가능할 때마다 직접적인 보상을 했다. (마태복음 5:23-24 - 그러므로 예물을 제단에 드리려다가 거기서 네 형제에게 원망을 들을 만한 일이 있는 것이 생각나거든 예물을 제단 앞에 두고 먼저 가서 형제와 화목하고 그 후에 와서 예물을 드리라)

이것은 때때로 분별이 필요한 것이다. 만약 그것이 다른 사람들에게 상처를 줄 것이라는 것을 안다면 당신은 그 사람을 직면하지 말아야 한다. 셀러브레이트 리커버리 프로그램을 통해 당신이 이런 과정을 해 나가도록 도울 수 있는 직접적인 후원자가 있는 것이 도움이 될 수 있다.

⑩ 우리는 개인적인 목록을 만들어 우리가 잘못했을 때 즉각 그것을 인정하기를 계속했다. (고린도전서 10:12 – 그런즉 선 줄로 생각하는 자는 넘어질까 조심하라)

계속 당신 자신을 평가하라. 당신이 여전히 정서적으로 건강한지 확인하라. 당신의 마음을 탐색하라. 처음에 당신을 게임 중독으로 이끈 상처, 습관, 콤플렉스가 해결되고 있는지 확인하라. 만약 당신이 앞으로 나가고 있지 않고 재발이 생각된다면 이것을 심각하게 받아들이는 것이 중요하다. 당신 속에서 벌어지고 있는 전투에 대해 누군가에게 알리고 그것과 싸울 수 있도록 도움을 청하라. 당신은 또한 당신 자신에게 정직해야 한다. 중독자들은 악명 높은 거짓말쟁이들이다.

⑪ 우리는 기도와 명상을 통해 하나님과 의식적인 접촉을 개선시키려고 노력했는데, 단지 우리를 향한 하나님의 뜻을 아는 지식과 그것을 실천할 수 있는 능력을 달라고 기도했다. (골로새서 3:16 – 그리스도의 말씀이 너희 속에 풍성히 거하여)

교회에 출석하고 성경을 연구하라. 셀러브레이트 리커버리 모임에 참석하라. 당신이 하나님과 그가 말씀하셔야 할 것들을 더 많이 알수록 당신의 삶—당신의 인간관계, 당신의 교육, 당신의 일, 당신의 신체적 건강, 당신의 사업, 당신의 삶의 목적들—에서 더 많은 성공을 경험할 것이다. 하나님의 말씀 속에 몰입하고 그 말씀을 당신의 삶에 적용하라. 나의 삶은 하나님이 회복시키신 것에 대한 증언이다. 하나님은 나의 결혼 생활과 나의 직업을 구해 주셨다. 그는 나를 축복하셨다.

⑫ 이런 단계의 결과로 영적 경험을 한 후, 우리는 다른 사람들에게 이 메시지를 전달하고 우리의 모든 문제에 이런 원리들을 실천한다. (갈라디아서 6:1 – 형제들아 만일 무슨 범죄한 일이 드러나거든 신령한 너희는 온유한 심령으로 그러한 자를 바로잡고 너 자신을 살펴보아 너도 시험을 받을까 두려워하라)

중독자들로서 우리는 항상 재발되기가 쉬울 것이다. 오늘까지 나는 MMORPG, 순번 의존 게임, 실시간 전략 게임을 할 수 없다. 나는 비디오 게임을 적당히 할 수 없다. 나는 내가 항상 중독자일 수 있고 나를 중독으로 되돌리도록 촉발시킬 수 있는 어떤 것도 피해야 한다는 것을 인정해 왔다. 그러나 하나님을 통해 내가 치유되었다는 것을 알게 되면서 나는 이런 종류의 중독으로 고통스러워하는 다른 사람들을 도와야 한다는 것을 또한 알았다. 멘토링을 통해 나의 지식과 경험을 다른 사람들과 함께 나누는 것이 내게 나 자신의 약함을 상기시키는 한 가지 방법이다. 그것은 또한 내게 무엇이 치유로 이끄는지에 대한 진리를 깨닫도록 도와주고, 나의 실패와 결함에도 불구하고 나에게 하나님과 하나님이 주신 축복에 집중하도록 상기시킨다. 하나님은 경이로운 분이다.

십 대로서 게임 중독에 직면했던 스티브를 다시 생각해 보자. 그의 부모는 그들이 새로운 규칙들을 정했을 때 그가 중독 증상들을 보이고 있다는 것을 알아차렸다. 그들은 게임을 하는 시간을 주말로만 제한시켰다. 그것이 효과가 없자 스티브의 부모는 주말에 한 시간으로 제한시켰다. 그것도 효과가 없어지자 그들은 게임을 하는 시간을 공휴일만으로 바꿨다. 스티브는 마치 다음 번 '마약'을 기다리고 있는 것처럼 게임 시간을 기다리고 원했다. 그는 그것을 강렬하게 원하고 있었다. 마침내 그의 부모는 이런 상황을 대략 파악했고 거기서 어떤 좋은 것도 나올 것이 없다고 보며 집에서 모든 게임을 완전히 치우기로 결정했다. 스티브는 금단 증상을 겪었다. 그는 슬펐고 화가 났으며 심지어 엄마의 죽음을 바랐는데 그녀가 게임을 하는 것을 끝내는 데 너무 단호했기 때문이었다.

모든 게임을 치우고 팔고 6개월 이내에 스티브의 학교 성적은 3.0에서 4.0으로 올라갔다. 그는 축구 팀에서 가장 가치 있는 선수가 되었다. 고등학교 신입생으로 그는 축구공 묘기대회에서 상을 받았다. 그는 웹 디자인을 배우는 데 몰두했고 웹사이트를 제작했다. 그는 교회에서 청소년부에 집중하면서 실제 삶의 친구 관계를 형성하기 시작했다. 그는 하나님을 경외하는 활동에 더욱 집중했다. 그의 부모는 스티브가 긍정적인 활동에 관심을 갖도록 도왔다. 스티브의 부모가 만든 또 다른 규칙은 집에서 할 수 있는 모든 비디오 게임은 가족과 함께 해야 한다는 것이었다. 예를 들면, 그들은 닌텐도 게임기를 가졌고 가족으로 함께 쌍방향 게임을 해야 했다. 엄격한 시간 제한을 두고 하나의 가족 활동으로 비디오 게임을 하였다. 게임 중독자가 비디오 게임이나 인터넷 활동에 고립되지 않도록 하는 것이 행위 중독을 줄이는 데 결정적이다.

중독자들은 한 가지 중독을 또 다른 중독과 맞바꿀 것이다. 소셜 미디어와 문자 주고받기가 큰 문제가 될 수 있지만 적절하게 사용될 때 의사소통의 효과적인 방식이 될 수도 있다. 우리는 디지털 시대에 살고 있다. 우리는 기술 문명으로부터 자신을 완전히 고립시킬 수가 없다. 책임감 있게 사용하도록 자신을 교육시키는 것이 필수적이다. 하지만 게임 중독과 같이 그것을 적당히 사용할 수가 없다면 절제가 해결책이다. 스티브의 경우는 페이스북을 쓰는 시간이 주말에 하루 30분 이내로 제한되었다. 이런 제한은 스티브에게 강박이나 중독의 증상을 보이지 않고 친구들과 의사소통을 하도록 한다. 모든 컴퓨터는 비밀번호로 잠금 장치가 되어 있고 스티브는 부엌에 있는 컴퓨터를 사용하기 위해 허락을 받아야 한다. 스티브는 통신 수단으로 휴대폰을 원했다. 그의 부모는 일주일에 50번으로 문자 보내는 것을 제한했다. 추가적으로 문자를 보내는 것은 부모에게 25센트를 내야 한다. 문자 규칙이 정해지면서 스티브는 문자 보내는 것을 제한했다. 마지막으로 스티브는 게임 중독과 연결된 해로움을 이해한다. 그는 좋은 결정을 하도록 교육받는다. 그는 자신의 장래가 그것에 의존한다는 것을 안다.

결 론

비디오 의존 세대

디즈니 영화 〈월-E(Wall-E)〉에서 인간은 지구를 파괴했고 모든 인간은 어쩔 수 없이 우주에서 살아야 했다. 인간은 디지털에 접속하고 단지 컴퓨터가 조작하고 자동화되어 그들의 환경을 제어하는 시스템에 의존하여 모든 종류의 독특한 우주선을 타고 우주를 이동한다. 이런 자동 장치에 의존하게 되었기 때문에 사람들은 병적인 비만과 뼈가 없어지는 것을 경험하기 시작한다. 그들은 그들의 가상공간에서 생각이 모자라는 사람들이 되었다. USA 투데이의 기자 클로디아 푸이그(Claudia Puig)는 〈월-E〉의 인간들을 이런 식으로 묘사했다. "지구에 거주했던 사람들의 후손들은 작고 거의 식물과 같은 팔다리를 지닌 거대하고 근육이 늘어진 사람들이 되었다. 그들은 인간들과의 접촉을 피하고 그들 자신의 가상 세계에서 스크린이 달린 이동 안락의자 속에서 나날을 보낸다."[1)]

우리도 비디오 의존의 세대를 만들고 있는 것인가? 우리 사회가 더욱 접속을 하면서 재능과 혁신의 상실을 보려고 하는가? 우리는 젊은 세대의 마음을 어두워지게 하고 있는 것인가?

나는 지역의 고등학교에서 게임 중독의 증상과 위험성에 대해 100명의 학생들에게 연설하도록 초청을 받았다. 학교 선생님은 학생들에게 젠타일 박사가 만든 게임 중독 설문지를 익명으로 작성하라고 요청했다.[2)]

1) Puig, Claudia. "Review: Wall-E Plugs into Human Emotion." USA Today. June 27, 2008. http://www.usatoday.com/life/movies/reviews/2008-06-25-wall-e_n.htm. Accessed September 12, 2011.

열 명 중 한 학생은 게임 중독과 일치하는 행위를 보였고 모인 학생들의 절반 이상이 비디오 게임을 과도하게 하는 문제를 가진 다른 사람들을 알고 있다고 보고했다. 게임 설계자들은 중독시키는 게임을 고안하면서 도파민의 역할에 대해 알았다. 기술의 중독적 성격에 대한 뉴욕 타임스의 기사에서 인터넷 게임의 중독적 성격에 대해 다음의 내용이 언급되었다. "인터넷 게임 회사인 '징가(Zynga)'의 창업자 중 한 명이고 〈팜빌〉과 같은 엄청나게 팔린 게임의 제작자인 에릭 샤이어마이어(Eric Schiermeyer)는 비디오 게임을 하는 것을 포함하여 쾌락적인 활동에 의해 방출되는 것으로 알려진 신경전달물질이고 또한 중독 과정에서 중요한 역할을 하는 것으로 이해되는 도파민에 수백만 명의 사람들이 중독되도록 도왔다고 말했다."[3)]

나의 강연 전에 학생들은 비디오 게임 중독에 대해 몰랐다. 그러나 비디오 게임 중독의 위험성에 대해 교육을 받고 난 후, 비디오 게임과 인터넷 사용에 대해 알고 깨닫게 되어 더 잘 결정할 수 있게 되었다고 느꼈다. 나는 비디오 게임을 과도하게 하는 문제를 가진 듯한 아이들에게 부모와 함께 이 문제를 의논하고 도움을 받는 것을 생각해 보라고 권했다.

사람들은 한 중독을 또 다른 중독으로 맞바꾸고 있다. 그것이 비디오 게임이 아니라면 중독은 유튜브, 페이스북 또는 휴대폰으로 문자 보내기일 수 있다. 만약 비디오 게임이 아니더라도 그것은 알코올, 섹스, 마약

2) Gentile D. "Pathological Video-Game Use Among Youth Ages 8 To 18." *Psychol Sci.* 2009 Jun; 20(6):785.

3) Ritchel M. "Silicon Valley Says Step Away from the Device." The New York Times. July 23, 2012. http://www.nytimes.com/2012/07/24/technology/silicon-valley-worries-about-addiction-to-devices.html?_r=1&adxnnl=1&ref=general&src=me&adxnnlx=1343300437-desvhgxdny5qjkljve%2fqha. Accessed July 25, 2012.

그리고 음식일 수가 있다. 사람들, 부분적으로 우리 청소년들은 완전히 빠져 있다. 예를 들면, 문자를 주고받으면서 아이들은 얼굴을 맞대고 말하기가 불편한 부적절한 것들—특히 성적인 내용들—을 묻고 이야기한다. 그러나 그들이 문자로 응답을 받을 때 비디오 게임을 할 때 흥분감이 생기는 것과 비슷하게 경계심이 깨지고 쾌감이 생긴다. 즉각적인 응답을 받으면서 빠른 속도로 연속해서 문자를 보내는 사람들은 인정받는다는 느낌과 흥분을 느끼게 해 준다. 사람들은 서로 연락하기 위해 통신 기술에 의존해 왔고 서로 이야기하는 방식을 잊어버렸다. 오늘날 아이들은 사람들과 상호작용하는 능력을 잃어버리고 있다. 그들은 적절하게 사회화되고 있지 않다.

우리는 가족과 부모들에게 정신을 차리고 세상으로부터 분리되어 고립된 채 살아가는 비디오 의존 세대로 키우는 것을 피하기 위한 행동을 취하라고 격려한다. 그들은 아이들과 청년들에게 기술 문명의 책임 있는 사용에 대해 가르칠 필요가 있다. 디지털 안정제로 기술과 게임을 사용하는 것이 정신적으로 그리고 신체적으로 해로울 수 있다는 것은 분명하다. 우리의 아이, 청소년, 배우자의 삶에 관심을 갖고 적극적으로 참여하는 것이 그들을 올바른 길로 이끌고 중독을 피하는 데 필수적이다. 또한 실제적이고 얼굴을 마주 보며 의사소통을 하는 데 시간을 쓰고 사랑하는 사람들과의 교제를 즐기는 것이 우리에게 보다 인간적이 되도록 가르친다.

중독에 빠지기 쉬운 젊은 사람들에게는 부모가 그들의 삶에 이와 같이 참여하는 것이 그들의 에너지를 생산적이고 만족스러운 추구에 쓰도록 돕는 바로 그 길일 것이다. 흔히 게임과 기술에 대한 중독적인 성격은 한 사람에게 있어 지능과 열정의 징후이기도 하다. 만약 기회가 주어진다면 그들은 대단한 일들을 해낼 수 있다. 만약 그들이 보복할 수 있고 기술의 노예가 아닌 주인이 될 수 있다면 무제한으로 클 수 있다.

과거 게임 중독자였던 리처드 탈렌스(Richard Talens)가 설립한 웹사이트 www.fitocracy.com의 인터넷 성공 이야기를 검토해 보라. 리처드는 비디오 게임을 하면서 컸다. 그는 제3세계인 마샬 군도에서 살았던 외국 태생 부모에게서 태어났다. 그의 심한 중독적 성격은 쉽게 게임에 빠지게 했고 게임을 할 때 시간을 잊어버리게 했다. 그는 게임에 강박적이었다. 심지어 십 대가 되기 전에 그는 한 번 앉아서 열두 시간 동안 쉽게 게임을 할 수 있었다. 비디오 게임에 대한 그의 강박은 그를 반사회적이 되게 했고 나쁜 식사 습관이 몸에 배어 체중이 심하게 늘게 했다. 리처드는 12세가 되었을 때 몸무게가 77킬로그램이 되었다. 그는 미국으로 이사했고 친구가 많지 않았다. 그래서 그는 인터넷 게임을 하면서 목적을 찾고 사회생활을 했다. 그가 16세가 되었을 때 104킬로그램이 되었고 〈에버퀘스트〉에 완전히 중독이 되었다. 어느 날 여름 그는 일어나서부터 잠잘 때까지 먹기 위해서만 잠시 휴식을 취하고 쉬지 않고 게임을 했다. 어느 날 리처드는 자신의 행위 때문에 신체적으로 아프다고 느꼈다. 그는 천천히 자신을 죽이고 있었다. 그는 즉각 자신의 가상 〈에버퀘스트〉의 모든 소유물을 버리고 게임을 그만두고 영양과 식사를 알아보기 시작했다.

리처드는 자신의 게임 심리에 집중하고는 그것을 운동으로 몰아넣어 보디빌더가 되었고 항상 자신을 능가하기 위해 애썼다. 게임에서 다음 단계에 도달하기 위해 노력하는 대신 그는 똑같은 에너지를 실제 삶의 향상에 전환시켰다. 그가 20세가 되었을 때 보디빌딩 대회에 나가 1등을 했는데 3년 전과는 전혀 다른 모습이었다. 게임 심리가 그로 하여금 자신의 삶의 더 나은 면으로 빠른 변화를 만들게 해 주었다. 그는 다른 기술을 연마하는 것을 배웠고 2010년 10월 www.fitocracy.com을 시작하기 위해 직장을 그만두었다. 8개월 후 그의 웹사이트는 10만 명 이상의 이용자들이 생겼고 또 다른 10만 명은 대기자 명단에 있었다. 리처드는 그가 이룬 사업에서의 성공이 그가 항상 가졌던 똑같은 게임 심리, 즉 상황을 빨리 분석할 수 있고 어떻게 더 잘 할 수 있는지를 이해하며 강박적으로 그 목표를 달성하려고 하는 심리 때문이라고 생각했다.

비슷하게 나는 게임을 할 때 가졌던 에너지와 추진력을 사업과 하나님을 경외하는 활동에 집중하기를 배웠다. 게임을 그만두었을 때 나는 아내와 자녀들과 관계를 형성하는 데 집중했다. 나는 매일의 삶에 성경적 원리를 적용하는 데 힘썼다. 게임을 그만두고 매주 추가적인 40시간의 자유시간이 생기자 나는 출판사(www.medrounds.org)를 시작했고, 남가주 안과협회(www.eye-socal.com)와 보험 환자와 비보험 환자를 다 진료하는 하이브리드 클리닉을 설립했다. 게임에서 벗어나면서 생긴 자유 시간으로 나는 또한 웹 디자인, 탐색 엔진 최적화와 관리 그리고 인터넷 마케팅을 배웠다. 의사들의 인터넷 평판과 의사들에 관해 정확한 정보를 얻으려는 환자들의 권리를 보호하기 위해 나는 신용 보호(www.credentialprotection.com)를 통해 공인된 평가를 위한 시스템을 개발했다. 신용 보호 프로그램은 2012년 LA 베이터 스플래시의 110군데 이상의 회사들 중에서 상위 10위권 이내의 창업 회사 중 하나로 뽑혔다. 나는 목장 공동체 교회에서 게임 도박 그리고 인터넷 중독으로 고통받는 사람들을 위한 '셀러브레이트 리커버리' 12단계의 리더로 활동하는 사역 팀의 일부다.

만약 내가 디지털 세계에 중독된 채로 남아 있었다면 이런 노력의 어떤 것도 가능하지 않았을 것이다. 나의 가족들과 함께 유산을 만드는 대신 나는 인터넷 팀을 만들었을 것이다. 토요일 아침 교회의 남성 집단에서 다른 남자들과 관계를 형성하는 대신 나는 인터넷 게임에서 나의 조직을 조정하고 있었을 것이다. 새로운 사업으로 직업을 만들어 내는 대신 나는 게임에 빠져 있었을 것이다. 가장 중요한 것은 공동체에서 다른 사람들에게 봉사하고 하나님과의 관계를 형성하는 대신 나는 여전히 디지털 세계에서 길을 잃고, 비디오 게임에 의해 신체적으로, 정서적으로, 영적으로 소진되고 말았을 것이다.

디지털 세계의 유혹은 밝고 빛나는 함정이다. 인간이 갈망하는 모든 것을 제공하는 것처럼 꾸미는데, 일단 고통이 생기고 중독 성격이 미끼를 한 번 보고 잡으면 그들은 잡혀 버리고 만다. 나방과 같이 날개로 거미줄을 스칠 때 바로 그 한 번의 접촉으로 충분하다. 나방이 덫에 걸렸다는 것을 알았을 때는 이미 늦은 것이다. 거미가 위에서 기다리고 있다. 도망치려는 나방의 노력은 헛수고이고 거미는 치명적인 독을 뿜는다. 마찬가지로 게임 중독자는 종종 그들의 삶이 이미 너무 늦을 때까지도 파괴되고 있다는 사실을 알아차리지 못한다. 나는 중독의 독이 내 삶에 고칠 수 없는 재앙을 초래하기 바로 전 갈등을 없앨 기회를 얻은 것에 대해 매일 감사한다. 나는 이 책이 내가 과거에 그랬던 것처럼 중독된 다른 사람들에게 도피할 수 있는 기회를 주기를 기도한다.

만약 우리가 우리 자신과 가족들에게 게임, 기술 그리고 인터넷을 책임 있게 사용하는 것에 대해 교육하지 않는다면, 우리는 우리의 자녀들, 가족들 그리고 사랑하는 사람들을 비디오 게임과 인터넷 중독의 잠재적인 악순환에 노출시키고 있는 것이다. 절제가 가치 있고 행복한 삶을 사는 비결이다. 나는 전력을 다해 일거리에 뛰어드는 것을 즐기는 열정적이고 강한 사람이다. 그래서 나는 적당하게 사는 것이 어렵고 나 자신에게 심호흡을 하고 진정하라고 (아내의 도움과 함께) 계속 상기시켜야 한다.

만약 적당하게 게임을 하는 것이 당신에게 쉽다면 당신은 게임에 중독될 가능성은 낮다. 만약 그렇지 않다면 완전히 끊고 게임을 그만두는 결정을 내려야 하는데, 어떤 것을 지나치게 하는 것은 당신의 건강에 해로울 것이기 때문이다. 심지어 물도 과도하게 마시면 치명적일 수 있다는 것을 기억하라.

이 책을 읽고 있는 독자들의 일부는 비디오 게임이 중독적일 수 있다는 것을 믿지 않고 게임 중독이 실제적인 질병이라는 것에 동의하려 하지 않을 것이다. 독자들 중 일부는 이런 일이 당신이나 당신이 사랑하는 사람들에게 생길 수 있다고 생각하지 않을 것이다. 하지만 이 책에 나오는 이야기들은 사실이다. 나의 이야기가 당신에게 교훈이 될 것이다. 게임 중독은 나의 결혼 생활, 나의 가족 그리고 나의 의사 경력을 거의 파멸시킬 뻔했다. 그것은 나의 삶을 거의 빼앗아 버렸다.

중독에서 벗어나기

> 하나님이 세상을 이처럼 사랑하사 독생자를 주셨으니 이는 그를 믿는 자마다 멸망하지 않고 영생을 얻게 하려 하심이라. – 요한복음 3:16

만약 당신이 예수를 당신의 구주로 받아들이지 않았다면 나는 당신이 그렇게 하도록 초청한다. 하나님께서 당신을 치유하고 마음, 몸, 영혼을 강하게 하시도록 하라. 나는 당신이 '셀러브레이트 리커버리'를 찾아보고 당신의 전능한 존재로서 하나님과 함께 12단계를 해 보기를 격려한다.

다음의 내용을 크게 기도하라. 주님, 나는 나의 죄를 당신에게 고백합니다. 나의 죄와 중독을 용서하여 주시옵소서. 예수님, 당신을 나의 삶에 초청합니다. 나의 구주로 나를 지도하시고 나의 마음, 신체, 영혼을 강하게 하여 주시옵소서. 그래서 나의 상처, 습관, 콤플렉스에서 자유로워지게 하옵소서. 예수님의 이름으로 기도합니다. 아멘!

> 그런즉 누구든지 그리스도 안에 있으면 새로운 피조물이라 이전 것은 지나갔으니 보라 새 것이 되었도다. – 고린도후서 5:17

부 록

자원들

전체적으로 비디오 게임과 기술 중독에 관련된 여러 기관, 치료자, 인터넷 사이트 그리고 책들이 있다. 이들 중 많은 곳에서 당신과 사랑하는 사람들이 중독과의 싸움을 극복하도록 도울 수 있는 유익한 자원, 상담 그리고 정보를 제공한다. 이들 자원이 회복 집단이나 직접적인 상담을 대신할 수 있는 것은 아니지만 우리는 아래의 정보가 추가적인 지지 체계로 도움이 되기를 바란다. 우리는 당신이 참고하도록 이 자원들을 제공하지만 우리가 수록된 모든 기관이나 자원과 경험이 있는 것은 아니다. 추가적인 정보는 우리의 인터넷 사이트(www.hooked-on-games.com)에서 볼 수 있다.

1) 기관과 인터넷 사이트

① 미국 심리학회

750 First St. NE

Washington, DC 20002

(800) 374-2721

www.apa.org

미국 심리학회(APA)는 미국에서 심리학을 대표하는 학문적이고 전문적인 기관이다. 이 단체는 전 세계에 걸쳐 15만 4천 명 이상의 심리학자들로 구성된 가장 큰 협회다. 이 사이트는 다양한 학술지, 논문, 서적, 보고서 등을 제공한다.

② 셀러브레이트 리커버리

www.celebraterecovery.com

셀러브레이트 리커버리는 중독 행위를 가진 사람들을 위한 그리스도 중심의 회복 프로그램이다. 12단계 프로그램은 상처, 습관 그리고 콤플렉스를 가진 사람들을 돕는다. 이 프로그램은 1만 7천 개 이상의 교회에서 도입하여 쓰고 있고 70만 명 이상의 사람들이 이 프로그램을 수료했다.

③ 성공적인 자녀양육 센터

www.sosparents.org

이 사이트는 비디오 폭력을 보는 아이들에게 미치는 영향을 이해할 수 있는 기회를 부모들에게 제공한다. 이것은 이 주제에 대한 새로운 과학적 연구들, 연구의 인용된 자료들, 부모들을 위한 조언, 새로운 자료 등을 연결시켜 준다.

④ 매체와 아동 건강 센터

300 Longwood Ave.

Boston, MA 02115

(617) 355-2000

www.cmch.tv

이 기관의 비전은 아이들의 건강과 발달을 최적화시키는 매체를 만들고 쓰도록 부모나 교사들을 가르침으로써 아이들과 그들을 돌보는 사람들을 교육시키고 능력을 향상시키는 것이다. 이 사이트는 아이들의 신체적 · 정신적 · 사회적 건강에 대한 매체의 효과를 이해하도록 정보를 제공해 준다. 부모들과 교사들을 위한 자원들이 있고 사람들이 매체와 건강에 대해 질문할 수 있는 완전한 데이터베이스가 있다.

⑤ 상식적 매체

650 Townsend St., Suite 375

San Francisco, CA 94103

(415) 863-0600

www.commonsensemedia.org

이 비영리 기관은 독립적이고 당파에 치우치지 않은 공개 토론에서 가족들과 아이들을 위한 신뢰할 만한 조언, 기사, 자원을 제공한다. 무료 교육 자원들, 게임과 다른 디지털 출처의 평가를 포함한 모든 디지털에 대한 조언, 아이들을 위한 연령별 자료들이 있다.

⑥ 오락용 소프트웨어 협회

575 7th St. NW, Suite 300

Washington, DC 20004

www.theesa.com

오락용 소프트웨어 협회는 컴퓨터와 게임기, PC, 인터넷을 위한 비디오 게임을 발표하는 회사들의 비즈니스와 공적 사업의 요구를 돕기 위해 전념하고 있다. 이 사이트는 비디오 게임 산업, 공공 정책의 정보, 기사, 뉴스 내용을 포함한다.

⑦ 오락용 소프트웨어 등급위원회

317 Madison Ave., 22nd floor

New York, NY 10173

www.esrb.org

오락용 소프트웨어 등급위원회는 컴퓨터와 비디오 게임 내용의 등급을 정하고 업계에서 채택한 광고의 가이드라인을 시행하며 상호작용의 오락 소프트웨어 산업을 위한 책임 있는 인터넷 개인 정보 실천을 확립하는 것을 돕는다. 이 사이트는 소비자들, 특히 부모들에게 그들이 사려고 생각하는 컴퓨터와 비디오 게임에 대해 적절한 연령과 내용의 등급을 정해 주므로 정보에 근거한 결정을 하도록 돕는다.

⑧ Fitocracy.com

Fitocracy는 당신의 건강을 향상시키기 위해 하는 게임이다. 당신의 발전을 추적하기 위해, 당신의 친구들과 경쟁하기 위해 그리고 신체적 건강에서 실제 결과를 얻기 위해 게임을 하라. 게임을 하기 위해 매일 추적 페이지에 들어가서 당신의 운동 활동을 입력하라. 당신이 Fitocracy에 당신의 활동을 입력하는 대로 당신은 포인트를 얻게 된다. 시간이 지나 당신이 충분한 포인트를 얻게 되면 다음 단계로 가게 된다. 승급은 당신의 건강이 뒤처지지 않고 있다는 것을 의미한다. Fitocracy의 임무는 운동을 하는 것이 보다 재미있고 보다 중독 경험이 되게 하는 것이다. Fitocracy를 하는 것은 당신의 도전을 이기는 것이고 당신의 한계를 밀고 나가는 것이며 당신의 친구들에게 누가 최고인지 보여 주는 것이다.

⑨ **나의 중독**

(800) 401-3128(24시간 치료 전화)

www.myaddiction.com

이 인터넷 회복 자원은 상당한 수의 중독들에 대한 치료 정보를 제공한다. 이것은 지원 집단과 치료 센터에 대한 정보를 제공하고 블로그, 중독 관련 비디오 동영상, 중독 용어의 설명을 갖고 있다.

⑩ **익명의 인터넷 게이머**

1300 Pennsylvania Ave. NW

Washington, DC 20004

(612) 245-1115

www.olganon.org

이 기관의 임무는 과도하게 게임을 하게 하는 문제로부터 서로 치유하고 회복되도록 돕기 위해 사람들이 그들의 경험, 능력 그리고 희망을 공유하는 교제를 만드는 것이다. 이 사이트는 12단계 프로그램, 금단 증상, 추천 독서 자료, 최신 정보의 이야기들에 대한 정보를 제공하면서 서로 지지하는 공동체로 함께 가도록 사람들을 초청한다.

2) 서적

① 『사이버 중독자: 게임과 인터넷의 덫에서 도피(Cyber Junkie: Escape the Gaming and Internet Trap)』, 케빈 로버츠(Kevin Roberts) 저.

케빈 로버츠의 중독에 대한 균형 있는 개인적 이야기 속에서, 그는 전자 기기로 완전히 넘쳐나는 현대사회를 밝히고 있다. 우리는 문자 주고받기, 채팅, 소셜 네트워크, 간단한 게임 그리고 실제 삶을 강하게 자극시키는 가상현실과 맞바꾸도록 하는 MMORPG로부터 받는 자극에 휘말리고 있다. 대다수의 사용자에게 이런 자극은 일상의 평범함에서 짧은 오락적 기분전환을 제공해 준다. 그러나 어떤 사람들에게는 그것이 직업과 관계를 파괴시키는 결과를 초래한다.

② 『재미를 주는 기업: 게임이 21세기를 지배할 이유(Fun Inc.: Gaming Will Dominate the Twenty-First Century)』, 톰 챗필드(Tom Chatfield) 저.
불경기에도 불구하고 비디오 게임은 매체 보급률의 전례 없는 양을 차지하면서 계속 기록을 경신한다. 미국은 1990년대 중반의 크기에 4배 이상인 소프트웨어와 하드웨어 판매에서 매년 200억 원 이상의 가치를 지닌 시장을 가진 세계에서 가장 큰 비디오 게임 시장이고 제작 국가다. 〈월드 오브 워크래프트〉는 현재 세계적으로 1,100만 명 이상의 게이머들과 연간 10억 원 이상의 수입을 자랑한다. 또한 게임은 직업과 창조적인 산업으로 번창하고 있다. 미국 37개 주의 254개의 대학들이 컴퓨터와 비디오 게임 디자인, 프로그래밍 그리고 예술에서 전공과 학위를 제공하고 있다.

③ 『비디오 게임에 중독된 아이들을 돕는 기술(How to Help Children Addicted to Video Games)』, 브렌트 콘래드(Brent Conrad) 저.
콘래드 박사는 비디오 게임에 중독된 성인, 청소년과 아동을 전문적으로 치료하는 임상심리학자다. 이 책은 콘래드 박사가 중독으로 고통받던 부모와 자녀들과 만났을 때 사용했던 기술과 전략을 제공한다.

④ 『게임기 국가(Playstation Nation)』, 올리비아와 커트 브루너(Olivia and Kurt Bruner) 저.
이 책은 그들의 아들에게서 생긴 비디오 게임 중독 성향을 본 부모가 썼으며 다른 부모들이 그들의 자녀에게서 중독의 경고 신호를 찾

아낼 수 있도록 돕기 위해 중독의 개인적 이야기를 나누고 있다.

⑤『접속하지 않기: 비디오 게임 중독의 어두운 세계 속에서의 나의 여행(Unplugged: My Journey into the Dark World of Video Game Addiction)』, 라이언 밴 클리브(Ryan G. Van Cleave) 저.
경고: 이 비디오 게임은 당신의 판단을 손상시킬 수 있습니다. 그것은 수면의 손실, 친구와 가족으로부터의 고립, 체중의 감소와 증가, 당신과 사랑하는 사람들 또는 자녀들의 기본적 필요에 대한 무시 그리고 저하된 직업 수행 능력을 일으킬 수 있습니다. 환상과 현실 사이의 분별력이 흐려질 수 있습니다. 본인이 책임을 지고 게임을 하십시오. 자살 시도에 대해서는 책임을 지지 않습니다.
이런 경고는 MMORPG인 〈월드 오브 워크래프트〉 시리즈의 최신과 최다 발매에 포함되어 있지 않다. 그래서 대학교수이자 남편이고 아버지이고 그리고 대략 세계적으로 1,100만 명의 〈워크래프트〉 구매자 중의 하나인 라이언 밴 클리브가 알링턴 메모리얼 다리의 난간에서 자살하려는 자신을 보았을 때 자신 외에 누구를 비난할 수도 없었다. 가상 세계의 모험적인 삶을 사는 데서 얻는 쾌감을 위해 그는 아내와 아이들을 무시했고 생계를 위태롭게 하고 말았다. 라이언에게 가상 세계는 그가 어떤 대가를 치르더라도 무시할 수 없었던 감미로운 유혹이었다. 대다수의 회복 중인 중독자의 사례들이 그렇듯이 라이언은 결국 밑바닥을 쳤고 이런 매우 사실적인 중독에 시달리는 사람들을 위한 규범적인 조언과 자원을 제공하면서, 당신에게 게임을 하려는 욕구를 통제하기 위한 계속적인 전투를 공유한다.

⑥ 『전 세계적인 비디오 게임 중독(Video Game Addiction Worldwide)』, 제임스 밀러(James Miller) 저.

이 책은 비디오 게임 중독을 성인들과 아이들 양쪽에서 본다. 다른 주제들은 소셜 미디어 중독, 포르노, 기술 중독이 건강에 미치는 영향이다.

3) 치료 센터

① 중독 치료를 위한 일리노이 연구소(Illinois Institute for Addiction Recovery)

5409 N. Knoxville Ave.

Peoria, IL 61614

(800) 522-3784

www.addictionrecov.org

전문상담사가 비디오 게임 중독을 포함하여 다양한 중독 장애를 진단할 수 있는 이 기관은 24시간 일주일 내내 전화로 무료, 비밀보장의 진단을 제공한다. 이곳은 또한 전화 예약을 통해 중독에 대한 교육을 제공하기 위한 강의와 워크숍뿐 아니라 추가적인 치료도 제공한다.

② 재출발 인터넷 중독 치유 프로그램(reSTART Internet Addiction Recovery Program)

1001 290th Ave. SE

Fall City, WA 98604

(800) 682-6934

www.netaddictionrecovery.com

이곳은 문제 증상이 있는 컴퓨터, 비디오 게임, 인터넷, 스마트폰 사용자에 대한 집중 치료 센터다. 프로그램은 참가자들이 행위 중독과 의존의 주기를 끊도록 돕기 위해 개인적으로 조정된다.

4) 상담사와 의사들

① Jerald Block, MD

1314 NW Irving Street, Suite 508

Portland, OR 97209

(503) 241-4882

② Jay Parker 또는 Hilarie Cash, PhD

인터넷 컴퓨터 중독 서비스

16307 NE 83rd St.

Redmond, WA 98052

(425) 802-9197, (425) 861-5504

③ Ms. Joyce Dolberg Rowe, Counselor, Med, LMHC

The Door Is Open Counseling Center

92 Manomet Avenue

Hull, MA 02045

(781) 361-9914

④ Eric Hollander, MD

정신의학과 행동과학부

Montefiore Medical Center

3340 Bainbridge Ave., Room 304

Bronx, NY 10467

(718) 696-3035

⑤ David Greenfield, PhD

치유 센터, 인터넷 행위를 위한 센터

12 North Main St., Suite 108

West Hartford, CT 06117

(860) 561-8727

⑥ Gary A. Grossman, PhD

1700 Coit Rd., Suite 110

Plano, Texas 75075

(972) 398-9452

⑦ Scott Peebles, M.A., MFCC, H.B.

부부가족 및 아동 상담사

아동, 청소년, 자녀교육 전문가

1151 Dove St., Suite 160

Newport Beach, CA 92660

(949) 833-1599

⑧ Karen Pierce, MD

Chicago's Children's Memorial Hospital

2300 Children's Plaza

Chicago, IL

(773) 880-4000

www.childrensmemorial.org

⑨ Kevin Roberts

『인터넷 중독자(Cyber Junkie)』의 저자

치료사 및 중재자

www.kevinjroverts.net

⑩ Claudia Vernon

개인 및 가족치료 센터

5182 Katella, Suite 202

Los Alamitos, CA 90720

(866) 222-CIFT

⑪ Terry R. Waite

Sutter Center for Psychiatry

7700 Folsom Blvd.

Sacramento, CA 95826

(915) 386-3000

www.suttermedicalcenter.org/psychiatry/

⑫ Kenneth Woog, Psy.D.

3551 Camino Mira Costa, Suite K

San Clemente, CA 92672

(949) 422-4120

www.computergamingaddiction.com

⑬ Kimberly Young, PhD

eBehavior, LLC

P.O. Box 72

Bradford, PA 16701

(877) CYBER-DR

www.netaddiction.com

찾아보기

■ 인명 ■

■ 내용 ■

저자 소개

Andrew P. Doan, MD, PhD

도안 박사는 종합 안과를 운영하고 있고 미국 안과 협회의 자격증을 갖고 있다. 그는 눈의 암과 종양을 포함하여 다양한 안질환을 치료하고 있다. 그는 베트남 사이공에서 태어나 오리건에서 자랐고, 리드 대학에서 생물학으로 학사 학위를 받았다. 그는 존스홉킨스 의과대학에서 MD와 PhD 학위를 받았다. 그는 아이오와 대학교에서 내과 인턴과 안과 레지던트를 했으며, 안과 훈련을 마친 후 UCLA의 줄스 스타인 안과 연구소에서 안과 병리학 펠로우를 했다. 그는 남가주 안과 협회 팀의 도움으로 환자들에게 봉사하는 테메큘라 뮤리에타 구조 미션에서 임상의로 자원봉사를 하고 있다. 그는 로마 린다 대학교의 외과 조교수이며, 의대생들과 레지던트들을 가르치고 있다. 동료가 비평한 학술지를 발간하고 있으며 안과 학술지의 편집인이고, 학술 모임에서 강연하고 있다. 그는 Young 안과 위원회의 위원장, 안과 뉴스와 교육 네트워크의 부편집장, 미국 안과 협회의 안과/의회 옹호위원으로 활동하고 있다. 또한 그는 안과 상호 보험사의 위기관리 위원으로 활동하고 있다.

비디오 게임 중독에서 벗어나 성경적 원리에 의해 살게 된 후, 도안 박사는 의료 공동체와 환자들을 돕기 위해 출판사, www.medrounds.org, www.credentialprotection.com, www.eye-socal.com, www.vireomd.com을 포함하여 여러 회사를 시작하게 되었다. 그는 마리 헌트(Marie Hunt)와 함께 두 번째 책인 『가장 큰 24: 디지털 시대에 당신의 잠재력을 최대한 발휘하기(The Biggest 24: Harnessing Your Full Potential in the Digital Age)』(www.biggest24.com)를 집필하고 있다. 그는 직업적 관심을 추구하지 않을 때는 가족과 함께 시간을 보내는 것을 즐기고, 목장 공동체 교회에서 게임과 인터넷 중독자들을 위한 셀러브레이트 리커버리 12단계의 리더로 봉사하고 있다.

역자 소개

양유성(梁有盛, Yang Yoo Sung)

총신대학교 신학과와 신학대학원 석사를 거쳐, 미국 칼빈신학교에서 석사 학위를, 보스턴 대학교에서 목회상담을 전공하여 박사 학위를 취득했다. 백석대학교와 한영신학대학교를 거쳐 평택대학교 피어선신학전문대학원 목회상담학 교수로 재직 중이며, 피어선심리상담원 원장과 학생생활상담소 소장을 맡고 있다. 한국목회상담협회 부회장, 한국독서치료학회 회장, 한국부부가족상담학회 부회장, 한국통합예술치료학회 부회장 등을 역임했고, 수원지방법원 전문상담위원으로 활동했다. 학지사에서 『이야기심리학』(공역, 2015), 『외도의 심리와 상담』(2008), 『이야기치료』(2004) 등의 책들을 출판했고, 목회상담, 부부가족상담, 이야기치료 등의 학술 주제로 다수의 논문을 발표했다.

게임 중독의 심리분석

게임 중독과 인터넷 중독의 유혹과 대가

Hooked on Games

The Lure and Cost of Video Game and Internet Addiction

2016년 6월 30일 1판 1쇄 발행
2024년 11월 20일 1판 3쇄 발행

지은이 • Andrew P. Doan
옮긴이 • 양 유 성
펴낸이 • 김 진 환
펴낸곳 • (주) 학지사
04031 서울특별시 마포구 양화로 15길 20 마인드월드빌딩 5층
대표전화 • 02) 330-5114 팩스 • 02) 324-2345
등록번호 • 제313-2006-000265호

홈페이지 • http://www.hakjisa.co.kr
인스타그램 • https://www.instagram.com/hakjisabook

ISBN 978-89-997-0974-6 93180

정가 13,000원

역자와의 협약으로 인지는 생략합니다.
파본은 구입처에서 교환하여 드립니다.